2024年アメリカ大統領選で
トランプはなぜ勝てたのか

断末魔のカバール

How President Trump Won The Third Time

副島隆彦［監修］
SOEJIMA Takahiko

西森マリー［著］
Marie NISHIMORI

監修者のことば

副島隆彦

西森マリーさんが、前作『帰ってきたトランプ大統領――アメリカに〝建国の正義〟が戻る日』（秀和システム、２０２４年４月刊）で書いたとおり、本当に、ドナルド・トランプが当選、勝利した（11月６日）。

トランプの勝利は、日本においては西森マリーの言論の勝利である。ここまではっきりとトランプ勝利を確信をもって書き続けた言論人は他にいないからだ。実に慶賀《けいが》すべきことである。西森さん、おめでとう。

私は本書の監修者として、かつ時代の目撃者《アイ・ウィットネス》として西森予測を検証、証明する。

トランプの予想外の当選に困惑《こんわく》し訝《いぶか》しそうにしている人々が日本にもたくさんいる。トランプさんは何をするか分からない人だ、日本に何を要求するんだ、と。だが。

トランプ当選、大統領への復帰はアメリカ国民だけでなく、世界民衆にとって真に歓喜すべきことである。まさに人類（人間）の歴史がひっくり返《かえ》りそうなことが、現に私たちの目の前で起きた。トランプ自身が勝利演説（11月6日午前2時28分から。現地）で never《ネヴァー》 happened《ハプンド》 before《ビフォア》 in the history「こんなことは、歴史上起きたことがない」と自分でも少し驚きながら言った。そしてこれからも、次々と前代未聞《ぜんだいみもん》の事が起きる。

アメリカだけでなくヨーロッパ白人たちの支配層の人々である、反《はん》トランプ派の、ディープステイト＝カバールの勢力は、まさにドン底状態である。戦々恐々《せんせんきょうきょう》として、これから自分たちを待ち受ける悲惨な運命に脅《おび》えている。首《くび》の辺《あた》りが冷《ヒヤー》っとしている者たちが大勢いる。

私たちの日本にも、ディープステイト The Deep State ＝ カバール Cabal の手足、家来の者たちが数百人いる。政、財、官界だけでなく、メディア（マスゴミ。テレビ・新聞の幹部たち）を含めて。米軍の憲兵隊《ミリタリー・ポリス》MP《エムピー》の軍用ヘリコプターが、立川（横田《よこた》）の方角から東京の上空をバタバタと飛び回っているという。

西森マリーは、前掲書『帰ってきたトランプ大統領』の中で、次のように書いていた。

> アメリカ軍部の有志たちは、カバールの陰謀を熟知していましたが、単に「カバールと呼ばれる陰の支配者が、こんな陰謀を実行しようとしている！」と、警告を発しても、文字通り陰謀論！、と吐き捨てられるのが落ちです。

そこで、彼らはドナルド・トランプをリクルートして、2016年の大統領選挙で激戦州の電子投票機が、インターネットに接続できないようにして不正を防ぎ、トランプ政権を発足させて、カバール解体作戦を始めました。

（『帰ってきたトランプ大統領』7ページ）

まさしく、これと全く同じ動きがあれから8年後の、今度の米大統領選挙でもあった。智恵《ちえ》者のトランプたちは、巨大な不正選挙（rigged election《リグドエレクション》）を見事《みごと》に阻止した。能力が有るとは誰も思わなかったカマラ・ハリスを、無理やり当選させようとした悪企《だく》みは粉砕《ふんさい》された。

前著に引き続き、本書『断末魔のカバール』は、今度のトランプの激しい選挙戦の様子の、直近《ちょっきん》の半年間に起きていた事件たちについて、克明に記録してくれている。

私たち日本人は、ディープステイトに操《あやつ》られた、日本のメディア（マスゴミ）からの惨《みじ》めで哀《あわ》れな嘘《うそ》八百のウソ情報（ウソ記事）しか手に入らなかった。

「トランプ、カマラ・ハリスと大接戦。ハリス優勢……」

ばっかり何か月も読まされ、聞かされ、ニューズ映像を見させられて来た。

だからトランプ勝利の今こそ、この米大統領選挙戦（3月からの）の間、アメリカで本当は何が起きていたのか、をこの西森本から、体系的、網羅的に知ることができる。遅ればせながらでも、知るべきことを、今からでも時系列で知ることは大切なことだ。例えば、次のように。

9月24日、トランプ大統領はジョージア州での選挙演説で、「製造業大使を任命して、世界各国に派遣し、外国に流れた製造業（大企業）をアメリカに戻す」という、これまた画期的な公約を掲げました。

トランプ大統領は、9月25日に、ガソリン代が51％、卵が47％も値上がりしたことを示す図表をトゥルース・ソーシャルに掲載しました。

9月29日には、経済関連の的確で辛辣なコメントで知られる保守派インフルエンサー、ウォール・ストリート・シルヴァーが1978年以来、大学の学費が1120％、医療費が601％、食費が244％、CEOの平均年棒が937％も上がっているのに、庶民の給料はわずか10％、最低賃金労働者の給料は5・5％しか上がっていないことを告げました。

10月8日には、安売りの店で、1オンスの純金《きん》やプラチナが飛ぶように売れて、すぐに品切れになってしまう、というニューズが流れ、「激しいインフレで紙幣が無価値になる時が近い！」と悟る人々が急増しました。

（本書第6章から）

このように西森本（これまでに7冊刊）は、私たち日本人が、アメリカ政治の現実の動きを、精密かつ正確に知るための基本文献である。日本国にとっての文書財産《アーカイヴ》あるいは宝庫《トレジャリー》である。

あと一つ、私がこの本を監修者として、読んでいて酷《ひど》く驚いたのは、次の箇所である。

初のアングロサクソン系の連邦準備制度理事会であるジェローム・パウエル（ユダヤ系ではない）が「トランプ新大統領に辞任を迫られても私は辞任しない。大統領が連邦準備制度理事会議長を解任することは違法だ」と断言した……

パウエルが辞任拒絶宣言をした11月7日に、トランプ大統領はトゥルース・ソーシャルで、Get《ゲット》 ready《レディ》 for《フォア》 the《ザ》 Golden《ゴールデン》 Age《エイジ》. 黄金時代に備えろ・黄金時代を迎える準備をしろ、と告げています。これも、Q《キュー》のインテル・ドロップ「金《きん》が連邦準備制度を滅ぼす」を連想させる一言ですよね。

（本書「あとがき」）

西森マリーは、ここでFRB《エフアールビー》（連邦準備制度理事会）の廃止問題にまでは触れていないが、今のジェローム・パウエルFRB議長の辞任拒否と、別の人物への取り替え問題（人事《パーソネル》）のことを書いている。「FRB（アメリカの中央銀行）を廃止せよ。長い目で見たら必ず、私たちアメリカ国民を国家の巨大な借金奴隷にする」と、この200年間にアメリカで唱え続けた指導者たちがいる。これがアメリカのポピュリスト（populist 民衆主義者）の真の民衆想いの、悲劇の政治家たちである。そしてドナルド・トランプもこの流れ（系譜《けいふ》）に属する。

私は、ここではFRBやポピュリズム　民衆主義の重要な問題を横に置いて考える。

トランプが、この勝利宣言の翌日に言った、（これからやって来る、1901年からの金ピカの時代《ギルテッド・エイジ》の再来であるアメリカの）「黄金時代《ゴールデン・エイジ》に（国民は）備えよ」という言葉は、そんなに生易《なまやさ》しい言葉ではない。

ここでトランプは二重の意味で、「ゴールデン・エイジ（金《きん》の時代）に対して、我々アメリカ国民は警戒し準備せよ」と唆《そそのか》したのである。「いいか、アメリカ国民よ。用心せよ。これから金《きん》とドルの戦いの時代が始まるぞ」、「私は大統領職《しょく》に戻ったから、私たちの通貨《カレンシー》であるアメリカ・ドルの信用《クレディビリティ》を守るために奮闘する」「しかし、自然な金《きん》（ゴールド）の圧倒的な力に乗って、アメリカ・ドルを、押さえ込んで来る諸《しょ》外国からの攻撃に、アメリカ人よ、備えよ」と。トランプはこの当選直後のトランプ発言で、それとなくの警告を発したのだ。

我々のアメリカにやって来る再びの黄金の時代。これはトランプが主導して来たMA《マ》GA《ガ》運動を単に「お祝いしよう」（セレブレイトする）ではない。そうではなくて、「ゲット・レディ・フォー」外国からの大きな攻撃に備えよ、まさに

“Protection-shield activated!”「プロテクション・シールド・アクティベイテッド」

「防御《ぼうぎょ》シールド　作動！　全艦隊、迎撃《げいげき》態勢に入れ」なのである。

私ドナルド・トランプは、これまで不当に虐《いじ》められて来たアメリカの下層白人《プア・ホワイト》のために闘う。

「私はアメリカ国民の代表《レプレゼンタティブ》（大統領）なのであって、世界の大統領ではないゾ。今のアメリカは大変なのだ。諸外国は各々《それぞれ》自分の力で勝手に生きてくれ。オレの知ったことではない」とこれまでに繰り返し言ってきた。このように外側世界を突き放すトランプ大統領の復活に、だから、私たち日本人を含めた世界中の政府と国民が不安になり、脅《おび》えているのである。

私は、自分で勝手に名乗る日本の民間人国家戦略家《ナショナル・ストラテジスト》として、西森マリーさんの、現地からの英語を、そのまま日本文《ぶん》に分かり易く置き換えて発信してくれる貴重な知識、情報を大変有難《ありがた》いものだと感謝しながら、このあとも西森本から真剣に勉強し続ける。皆さんも、私の言

うことを素直に聞いて、そうしなさい。

２０２４年11月25日

副島隆彦

はじめに

副島隆彦先生の監修によるカバール関連の複数の拙著をまだ読んでいらっしゃらない方のために、カバールとアメリカの闘いの概要をお伝えします。

アメリカの9割強の政権は建国以来ずっとカバール（中世から続く大銀行家集団と英国を中心としたヨーロッパ王族）の統治下にありました。カバールは、賄賂、チャイルド・セックスなどを脅迫の材料にして世界中の政治・経済・医学・報道・芸能界の要人を手下にし、不正選挙でカバール支持者をリーダーの座につけ、カバールが管理する中央銀行暗号通貨を世界通貨にして、カバールが仕切るワン・ワールドを作るつもりでいました。

しかし、国民の多くが銃を持っているアメリカだけは、カバールは力尽くで侵略することができませんでした。そのため、カバールは、16年という長い歳月をかけて、アメリカを徐々に破壊する16計画を立てました。まず、オバマ政権下で銃規制を強化して愛国的な軍人を解雇し、製造業を海外に移してアメリカの国力を弱め、ヒラリー政権下でLGBTQ・不法入国者・非白人・非キリスト教徒とそれ以外の人々（普通の人々）の亀裂を徐々に深めて内戦に発展させ、偽旗工作による核爆発をアメリカ国内で起こし、ロシアかイランのせいにして世界大戦を勃発させ、ついでにパンデミックも起こし、パニックを利用して人々から自由を奪い、ワン・ワールドを達成させる心づもりでいたのです。

　ところが、２０１６年の大統領選で、元海軍兵が激戦州で電子投票機のインターネット接続を阻み、カバールによる票の改竄《かいざん》を阻止し、トランプ大統領が勝利を収め、第1次トランプ政権下でアメリカの国力が回復し、銃規制も緩和され、アメリカに良識が戻りました。２０２０年の選挙では、トランプ側はカバールにやりたい放題不正をやらせて、証拠をつかみ、トランプ大統領はわざと負けた振りをして身をひき、偽バイデン政権の間、またまたカバールにやりたい放題のありえない政策を展開させました。おかげで、アメリカ国民がトランプ政権とカバール政権の差異を体感し、トランプ政権の政策のありがたみを痛感することができたのです。これは、16個の濃度が違うサングラスを、薄いものから濃いものに順々にかけ直していくと暗くなっていることに気づかないのに、一番薄いものから一番濃いものに掛け替えると、一気に暗くなったことにびっくりするのと同じです。

　この本は、トランプ大統領の大覚醒作戦解説書です。政治ドラマの筋書きを読むつもりで、楽しんでいただければ光栄です。

　この本の記述の根拠となる出典、ビデオのＵＲＬは秀和システムのホームページ：https://www.shuwasystem.co.jp/の本書のサイトのサポート欄に掲載してあります。

『断末魔のカバール

２０２４年アメリカ大統領選でトランプはなぜ勝てたのか』

◆

目次

第1章

トランプ暗殺未遂事件の真相

A　トランプ暗殺未遂事件オフィシャル・ストーリー

2024年の最大の目覚ましイヴェントは、トランプ大統領の暗殺未遂事件でした。この事件がなぜ起きたのか、どうやって起きたのか、などに関する解釈は、人によって異なりますが、世界一有名な政治家が公の場で暗殺されかけ、その一部始終がテレビに映っていたことで、否が応でも話題にならざるを得ませんでした。

まず、カバールの広報機関、ウィキペディアが伝える、暗殺未遂事件に関するオフィシャル・ストーリーをおさらいしておきましょう。

【概要】

2024年7月13日に、ドナルド・トランプ前大統領が、ペンシルヴァニア州バトラー近郊での選挙集会中に銃撃され、負傷した事件。

トーマス・マシュー・クルックス（当時20歳、ペンシルヴァニア州ベセル・パーク出身）が、演説台から約120メートル離れた建物の屋上からAR-15型ライフルで8発発砲し、トランプが右耳の上部を負傷した。この銃撃により、聴衆の1人が死亡し、2名が重傷を負った。クルックスは、その後シークレットサービスの対襲撃部隊に所属する狙撃手に射殺された。

トランプが不法移民に関する数値を紹介した会場のスクリーンを確認するため、わずかに右を向いた瞬間の18時11分33秒、複数回の発砲音が響き、トランプは右耳上部を手で押さえ、その場にしゃがみこんだ。銃撃の直後に、シークレットサービスが壇上に駆け上がってトランプを取り囲んだ。トランプは右耳から血を流しながら立ち上がり、少しの間呆然とした後に群衆に向かって拳を突き上げ「ファイト（戦え）！ ファイト！ ファイト！」と叫び、シークレットサービスに囲まれながら車まで退避した。

シークレットサービス長官のキンバリー・チートルは、集会での警備の不備に対する批判を受けて辞任した。

【犯人】

トーマス・マシュー・クルックスは、２００３年9月20日に生まれ。アレゲニー・コミュニティ・カレッジの大学生で、頭はよかったが、いじめを受けていた。

動機は確定しておらず、２０２４年8月現在も捜査中。

政治的思想は右翼寄りで、共和党の党員だったが、民主党や進歩的組織が利用する献金システム、アクトブルーを通じて、左派組織に15ドルの寄付を行っていた。

ネット上で、ケネディ大統領暗殺事件や2021年のオックスフォード高校銃乱射事件、バイデンや他の主要政治家やそのイヴェントに関して検索していた。

【陰謀論】

事件の2日後にモーニング・コンサルトが行った世論調査によると、アメリカ人の5分の1（バイデン支持者の3分の1、トランプ支持者の8分の1）が、事件は演出であると考えていた。

左派のSNSユーザーは、「トランプの選挙勝利の可能性を高め、トランプのイメージを向上させるための偽旗作戦《にせはた》（false《フォールス》 flag《フラッグ》）」だとする陰謀論を投稿し、銃撃とトランプの血は偽装されたもので、クライシス・アクターが使われた、などと主張した。

右派の陰謀論者は、FBIなどの政府機関、ディープステート（闇の政府）が、トランプの再選を阻止するため仕組んだ、と根拠のない主張をした。

事件の数日後、投資会社ブラックロックに関する陰謀論が、過去の陰謀論の延長として、暗号通貨推進者によって広められた。この陰謀論は、犯人が2022年に彼の高校で撮影されたブラックロックの広告に映っていたことがきっかけで生まれた。この広告動画の存在を明らかにした投稿は、1日足らずで1700万回以上閲覧され、その後、動画は同社によって削除された。

今世紀で最もiconic（象徴的）な一葉

2024年７月13日、ペンシルヴァニア州バトラー近郊で開かれた選挙集会（rally）で銃撃を受け、右耳から血を流しながらも「Fight! Fight! Fight!」と３度叫び声を上げげたドナルド・トランプ大統領

硫黄島の戦い
（1945年２月23日）

ドラクロワ
『民衆を導く自由の女神』

複数の反ユダヤ的な陰謀論も広がり、イスラエルやシオニスト、モサドが関与しているという根拠のない主張が広まった。

【共和党議員の反応】

共和党の議員たちは、バイデンや民主党がトランプを民主主義の脅威として描写することが暴力を煽っていると主張した。

下院議員のマイク・コリンズは、7月8日のバイデンの発言、「私の仕事は1つ、ドナルド・トランプを倒すことだ……トランプをブルズアイ（標的の中心）にする時がきた」というコメントが、狙撃事件を誘発した、と述べた。

マージョリー・テイラー・グリーン下院議員は、「邪悪な民主党がトランプ大統領を暗殺しようとした」「私たちは善と悪の戦いの中にいる。民主党は小児性愛者の党であり、罪のない胎児を殺害し、暴力を振るい、血みどろで無意味な果てしない戦いをしている」とXに投稿した。

ウィキペディアは、ディープステイトとイスラエルが関与した、という主張を〝根拠がない〟と切り捨てていますが、火のない所に煙は立たないでしょう。

暗殺未遂事件の前日に、ブッシュ一族の拠点であるテキサス州オースティンにあるオースティン・プライヴェート・ウェルスという投資アドヴァイス会社が、ＴＭＴＧトランプ・メディア・アンド・テクノロジー・グループ（トゥルース・ソーシャルを運営する会社）の株を１２００万株も空売りしていました。

もし、トランプ大統領が亡くなっていたら、ＴＭＴＧの株も暴落することは明らかなので、オースティン・プライヴェート・ウェルスは暗殺が起きることを予知していたのだろう、と思う人が後を絶ちませんでした。

◆神のお告げと解釈した福音派の人々

次に、ウィキペディアではまったく触れられていない福音派の人々のリアクションをご紹介しましょう。

トランプ支持者の半数を占める福音派のキリスト教徒たちは、トランプ大統領が右を向いたことで銃弾が耳をかすめるだけで済んだのは、神のお導きだ、と信じています。

銃弾が耳をかすめた後、トランプ大統領は右手で耳を押さえて倒れ込み、右耳と右手に血がついた姿で立ち上がりました。そして、シークレットサービスに取り囲まれた際に脱げてしまった靴を履こうとして、「靴を履かせてくれ」と言ったあと、右手の拳を振り上げて、「ファイト！　ファイト！　ファイト！」と叫びました。

聖書の言葉を固く信じている福音派の人々は、右耳と右手に血がついたトランプ大統領の姿を見るやいなや、旧約聖書のモーゼ5書の1つ、レビ記第8章（祭司などに関する規定が記された章）を思い出しました。

レビ記8章には、モーゼが燔祭《はんさい》（注・神に献げられる動物の生贄《いけにえ》の儀式）の雄羊をほふり、その血をアーロンと彼の子供の右の耳たぶと、右手の親指と、右足の親指とにつけた、と記されています（アーロンはモーゼの兄で、モーゼがヘブライ人を導いてエジプトから脱出するのを助けた）。

また、清浄と不浄に関する規定が記されたレビ記14章には、祭司は愆祭《けんさい》（注・賠償の献げ物）の血を、清められる者の右の耳たぶと、右の手の親指と、右の足の親指とにつけた後、その上にお清めの油をつけなければならない、と記されています。

血を右耳、右手の親指、右足の親指につけるのは、それぞれ、神の声が聞こえるように、神の業《わざ》をなせるように、神の道を歩けるようにするためだ、とされています。

お清めのために聖油を塗ることを、英語ではanointアノイントと言い、アノイントは日常会話では「権力者が要職者として人を任命・選定する」という意味で使われます。

そのため、福音派の人々は、トランプ大統領はリーダーとして神に選ばれた人物で、神の声を聞き、神の業を成し遂げるために、この試練を体験させられたのだ、と信じました。

また、シークレットサービスに体当たりされる形で囲まれたときに、トランプ大統領の靴が脱げてしまったことも、福音派の人々は神のお告げと解釈しました。

靴（聖書の時代の靴は『グラディエイター』でラッセル・クロウが履いているようなサンダルです）に関する記述がある『出エジプト記』の第3章を見てみましょう。


モーゼは妻の父、ミデヤンの祭司エテロの羊の群れを飼っていたが、その群れを荒野の奥に導いて、神の山ホレブにきた。主の使は、しばの中の炎のうちに彼に現れた。彼が見ると、しばは火に燃えているのに、そのしばはなくならなかった。モーゼは言った、「行ってこの大きな見ものを見、なぜしばが燃えてしまわないかを知ろう」。主は彼がきて見定めようとするのを見、神はしばの中から彼を呼んで、「モーゼよ、モーゼよ」と言われた。彼は「ここにいます」と言った。神は言われた、「ここに近づいてはいけない。足からくつを脱ぎなさい。あなたが立っているその場所は聖なる地だからである」。また言われた、「わたしは、あなたの先祖の神、アブラハムの神、イサクの神、ヤコブの神である」。モーセは神を見ることを恐れたので顔を隠した。

主はまた言われた、「わたしは、エジプトにいるわたしの民の悩みを、つぶさに見、また追い使う者のゆえに彼らの叫ぶのを聞いた。わたしは彼らの苦しみを知っている。わたしは下って、彼らをエジプトびとの手から救い出し、これをかの地から導き上って、良い広い地、乳と蜜の流れる地、すなわちカナンびと、ヘテびと、アモリびと、ペリジびと、ヒビびと、エブスびとのおる所に至らせようとしている。いまイスラエルの人々の叫びがわたしに届いた。わたしはまたエジプトびとが彼らをしいたげる、そのしいたげを見た。さあ、わたしは、あなたをパロにつかわして、わたしの民、イスラエルの人々をエジプトから導き出させよう」。

これは、神が初めてモーゼの前に出現して、ヘブライ人をエジプトから救い出すことを命じる、とても重要なシーンです。

神がモーゼに靴を脱ぐことを命じた記述から、福音派の人々は、「トランプ大統領の靴が脱げてしまったのは、トランプ大統領が倒れた場所が神の存在を察知できるほどの聖なる地だったからだ!」と解釈しました。そして、エジプトからヘブライ人を救い出して約束の地へと導いたモーゼのように、トランプ大統領がカバールの魔の手から世界を救い出して、経済が安定した平和な状況へと導いてくれる、と確信しました。

さらに、一度倒れ込んだ後に起き上がる、というプロセスは、川の中に身を沈めた後に身を起こす洗礼の行事に似ているので、福音派の人々は、「神に選ばれたトランプ大統領は、銃弾によって炎の洗礼を受けた！」と思いました。

この直後に行われた共和党大会で、トランプ大統領は耳にガーゼを当てて登場しましたが、英語のearmark（耳に印をつける）は「家畜に耳標《じひょう》をつける、資金などをなんらかの目的のためにとっておく、割り当てる」という意味です。そのため、福音派の人々は、トランプ大統領は、神が救世役を割り当てたリーダーだ、と解釈しました。

トランプ大統領自身も、トゥルース・ソーシャルに、「想像を絶する事態を防いだのは神のみだった」と投稿し、「神が僕についていてくれた」とコメントしました。

◆「トランプは神に選ばれ、神に守られている」

この直後、叔父と父が暗殺されたロバート・ケネディJrとトランプ大統領が大接近して、ロバート・ケネディJrがトランプ支持を発表する運びになりました。

また、ソーシャルメディアでは、トランプ大統領の誕生日（１９４６年6月14日）からトランプ大統領が正式に大統領として大統領執務室で勤務を始めた日（２０１７年1月21日）までの年月が70年7ヶ月7日（７７７）、トランプ大統領の誕生日の7年と7ヶ月後の１９５４年

1月17日にロバート・ケネディJrが生まれ、ロバート・ケネディJrが生まれた日から70年7ヶ月7日後の2024年8月24日に、正式にトランプ大統領支援活動を始めたことが大きな話題になりました。

これがきっかけとなって、福音派の人々の間で、下記の事実もイヤというほど大きな話題になりました。

●トランプ大統領の誕生日から、ちょうど700日後の1948年4月14日にイスラエルが独立を宣言した。

●トランプ大統領の誕生日の70年と700日後の2018年5月14日に、トランプ大統領の指導の下にイスラエルのアメリカ大使館が正式にエルサレムに移転した。

●トランプ大統領の誕生日から77年7ヶ月7日後の2024年1月21日に、フロリダのディサンティス州知事が予備選から脱落してトランプ大統領支持を表明した。

ゲマトリア（数秘術。数字で運命などを占う術）で7は「幸運、（神の）恵み」、77は「信仰の強さ」、777は「奇跡の前兆、混沌から秩序が生まれることの兆し」を意味します。

福音派の人々は、トランプ大統領の誕生日から7が絡んだ年月の後に、さまざまな節目節目の出来事が起きたのは単なる偶然ではなく、ゴッズ・プラン、神の計画によるものだ、と確信しました。

こうして、神がかりとしか思えない出来事が次々に起きたことで、トランプ大統領は一気に神格化されて、福音派の人々はトランプ大統領こそが、神に選ばれ、神に守られているリーダーだと本気で信じました。

右記の出来事は、日本人にとっては単なる偶然としか見えず、読者のみなさんの多くも、おそらく「神意と結びつけるなんて馬鹿馬鹿しい！」と思われることでしょう。しかし、誤解を恐れずに断言させていただきますが、みなさんがどう思おうが、そんなことは無意味なのです。重要なのは、福音派の人々がトランプ大統領の神性を本気で信じた、ということです。

白人の福音派キリスト教徒のマジョリティは、中絶反対、勤労と実力主義重視、極端なＬＧＢＴＱ優先策反対、伝統的アメリカの価値観重視、不法移民反対、銃規制反対などの理由で、トランプ大統領を強く支持しています。

彼らは、２０１６年も２０２０年も、それぞれのコミュニティでの奉仕活動のついでにトランプ大統領の偉業を列挙したビラを配ったり、選挙日にお年寄りや車を持たない人を自分の車で投票所に連れて行くなど、ありとあらゆる選挙活動をしていました。もちろんすべてヴォランティアで、というか、多くの場合自腹を切って積極的に働いていました。

2016年は、1億3550万人の有権者が大統領選に投票しました。出口調査によると、そのうちの26％にあたる3520万人が、白人の福音派またはキリスト教徒で、トランプ大統領は彼らの80％、合計2820万票を獲得しました。これはトランプが獲得した6260万票の45％を占めます。

2020年の大統領選では、1億5840万人が投票しました。出口調査によると、そのうちの28％、4440万人が白人の福音派／ボーン・アゲイン（改めて信仰に目覚めた）キリスト教徒で、そのうちの76％がトランプ大統領に投票しました。トランプ大統領への白人福音派票は3370万票で、トランプ氏の総得票数7420万票の45・4％でした。

明らかにトランプ大統領の支持基盤である白人福音派は、2016年と2020年の大統領選でトランプ大統領を当選させることを神から授かった使命とみなし、選挙活動に力を入れました。

しかし、2020年の選挙でカバールの手下たちによる露骨な不正がまかり通って、バイデン（の振りをした人間）が大統領となった（と見えた）後、多くの福音派キリスト教徒がやる気を失ってしまいました。また、トランプ大統領の1期目に、最高裁が「中絶権は合衆国憲法で保護されるものではない。中絶の合法性は連邦政府の管轄下ではなく、州ごとに決めるものである」という判決を下したので、彼らは中絶阻止のために戦う必要性がなくなってしまいました。そのため、福音派の人々の一部が中だるみ状態に陥っていたのです。

この暗殺劇は、以前と比べるとやる気をなくしていた福音派の人々の決意と情熱を、一気に再燃させせました。そして、彼らは、「トランプ大統領は神の使命を受けた聖なる戦士で、この選挙こそが善と悪の最後の決戦で、負けたらもう後がない！　我々はトランプ大統領に率いられたGod's army 神の軍隊だ！」と、本気で信じて、熱烈な選挙運動を展開しました。

特に、テキサスなどのバイブル・ベルトでは、トランプ陣営の選挙事務所は活気に溢れていて、神がかりと言っても過言ではないほどの福音派のヴォランティアたちが、アルマゲドンに挑む戦士のような意気込みで選挙活動をしていました。私の隣人たちも、毎朝、I'm gonna put on the armor of God and do whatever I can to re-elect President Trump！「神の鎧を着て、どんなことをしてでもトランプ大統領を再選させる！」と唱えて、ありとあらゆる選挙活動をしていました。

B トランプ暗殺未遂事件はカバールの偽旗工作

◆シークレットサービスはもともと何のために設立された組織か

一方、トランプ支持者の多くが、この暗殺の黒幕はカバールの手下だと信じました。その根拠は、シークレットサービスの不手際があまりにもひどすぎたので、これは過失というより意図的なものだろう、と思えたからです。

いわゆる〝コンスピラシー・セオリー（陰謀論）〟という言葉が一般化したのは、ケネディ大統領暗殺の直後でした。政府がいかに「単独犯、オズワルドによるものだった」と力説しても、信じられない人たちが後を絶たず、彼らがさまざまな〝仮説〟を繰り広げ、そのすべてが大手メディアや信頼されている政治評論家たちから〝コンスピラシー・セオリー〟と小馬鹿にされました。

トランプ政権誕生以降は、Qの支持者やコロナ・ワクチン反対派が陰謀論の代表格となっていますが、もともとは〝正義の戦士、ケネディが軍産複合体とつるんだ政府の黒幕たちに殺された〟と信じる人々、つまり、ケネディ支持者の民主党派の人々が〝陰謀論者〟と呼ばれていたのです。

ロバート・ケネディJrは、「父はCIAの工作員に撃ち殺された」と公言していますが、元祖陰謀論者である民主党派の人々の多くは、ケネディもレーガンもシークレットサービスに撃たれた、と信じています。

シークレットサービスは、現在は国土安全保障省に属しています。しかし、もともとは、カバールが勝手に印刷する紙幣を守るために作られた組織です。シークレットサービスのオフィシャルサイトにも、ハッキリとこう書かれています。

「1865年、アメリカの若い金融システムを安定させるため、横行する偽造を取り締まるために創設された。南北戦争が終わるころには、流通していた全紙幣の3分の1近くが偽造されていた。その結果、国の金融の安定が危ぶまれた。この懸念に対処するため、1865年にシークレットサービスが財務省の一局として設立され、広範な偽造を抑制することになった」

同サイトで、シークレットサービスが大統領の護衛をするようになった過程に関しては、こう説明されています。

「1901年にマッキンリー大統領が暗殺された後、シークレットサービスは合衆国大統領をフルタイムで警護する任務に就いた。時を経て、この保護任務は、法改正、大統領決定指令、国土安全保障大統領指令、国家安全保障大統領指令、さまざまな大統領令によって拡大されてきた」

マッキンリー大統領（1843－1901。在任1897－1901）は、金本位制を支持していた、つまり、カバールの一員ではなかったので暗殺されました。ですから、彼の暗殺後にシークレットサービスが大統領の警護をすることになったのは、大統領を守るためではなく、大統領を殺すか、大統領暗殺者を補助するため、あるいは、大統領暗殺後の隠蔽工作をしやすくするため、と考えられます。

ちなみに、マッキンリー暗殺後、カバールの一員である副大統領、セオドア・ルーズヴェルト（1858－1919。在任1901－1909）が大統領になりました。この経緯は、レーガン大統領を暗殺して、カバールの一員である父ブッシュを大統領の座に据えようとした手口と同じです。

そもそも、財務省は、アメリカのマネー・ロンダリングを含め、カネの流れを包括的に管理している省です。その管轄下にシークレットサービスが置かれていたこと自体、キツネが鶏小屋を守っているようなもので、設立された時点からシークレットサービスがカバールの利益を守る番人だったことは明らかです。

このような歴史もあるため、トランプ支持者の多くがシークレットサービスに不信感を抱いているのです。そして、彼らは、トランプ大統領暗殺未遂事件で次々に明らかになったシークレットサービスの不手際は、過失ではなく、意図的だった、と信じています。

シークレットサービス、及び、ＦＢＩがどれほどひどい不手際をやらかしたかは、日本でもかなりの部分が報道されていると思いますが、ここで一応主な不手際をおさらいしておきましょう。

まず、現場のセキュリティ・チェックの不行き届きに関しては、まさに開いた口が塞がらない！　としか言いようがありません。

犯人（とされる人物）は、トランプ大統領の演台をハッキリ見ることができる建物の屋根の上に陣取っていました。この建物は地元の警官が警備本部として使っていて、シークレットサービスの警備範囲外で、地元の警察が警備することになっていました。アクション映画で、地元警察の管轄下にＦＢＩやシークレットサービスが入って来ると、縄張り争いでもめるシーンがよく出てきますよね。ですから、この建物に関しては、シークレットサービスがこういうもめ事を避けるために、地元警察の管轄を尊重して、特に警備をしなかった、と考えることもできます。

しかし、トランプ大統領が演説をしている最中に、観客席の後ろのほうにいた複数の人々が、この建物の屋根の上に銃を持った男がいることに気づき、「屋根の上に誰かいる！」と叫んでいたのに、警察もシークレットサービスの対応も俊敏ではありませんでした。あまりにも対応が遅かったことは、確固たる事実で、ビデオにしっかりと収録されています。

しかも、この建物はシークレットサービスの警備範囲を定めるために設置されたフェンスの外にありました。つまり、シークレットサービスが建物に向かうためには、このフェンスを通り越えなければならなかったのですが、フェンスをなかなか取り外すことができなかったため、トラックでフェンスに突進して、フェンスを破らなければいけませんでした。この模様も、ビデオにしっかりと収められています。

フェンスは、高さが180センチぐらいの金属製の編み目の作りで、アクション映画に出てくるような警官やシークレットサービスのエージェントなら、楽々とよじ登って反対側に飛び降りることができる代物です。

あぁ、それなのに、トランプ大統領を警備しているシークレットサービスときたら、少なくとも40秒もただフェンスの前に立ち尽くして、トラックがフェンスを壊してくれるのをひたすら待っているではありませんか！　こんなに怠慢で緊張感がないシークレットサービスが存在するなんて、あり得ませんよねぇ！

撃たれた後のトランプ大統領を警護する女性シークレットサービス・エージェントの行動も、パロディとしか思えません。

この女性たちは本当にシークレットサービスなのか？　まるでパロディか笑劇のように無様な様子

背が低すぎてトランプを守れない女性エージェント

長すぎるポニーテイルがうざったい女性エージェント

小太りの女性エージェントは、銃をホルスターに入れられずに苦労している

出典：https://www.youtube.com/watch?v=KEoIzgO１_Ms

演台に駆けつけた女性は、背が低すぎて、トランプ大統領の頭部を守ることができません。車に乗り込むトランプ大統領にくっついてきた女性エージェントの1人は、ポニーテイルから垂れ下がった長すぎる髪の毛を左右に揺さぶって、ただキョロキョロ周りを見回して仕事をしている振りをしているだけで、うざったいったらありゃしない！ 見ているだけでイラついて、「あんた、邪魔！ どけ！」と叫びたくなります。

この女性の隣であたふたしている小太りの女性エージェントは、銃をホルスターに入れられず、見るからにうろたえています（写真参照）。

◆コリー・ミルズ議員のコメント

事件の後、犯人が陣取った屋根の上に、あらかじめシークレットサービスのエージェントが配置されなかったのは、「屋根が傾斜していて、あぶないから」という理由からだったことが発覚しました。

この後、さまざまなソーシャルメディアで、牛小屋の傾斜した屋根の上を平然と歩く牛の姿などが拡散されて、ごく普通の人々が、シークレットサービスのあまりにも馬鹿げた言い訳に呆れかえりました。

また、この日は、バイデン夫人がカジノで行った晩餐会に12人の通常のエージェントを派遣し、トランプ大統領のイヴェントに派遣された通常のエージェントは3人だけで、それ以外の警備係は国土安全保障省の人員だったことが明らかになりました。

バイデン夫人の晩餐会出席者は約400人、トランプ大統領の集会の観衆は2000人以上もいたので、12人と3人という割り振りはあまりにも不適切です。

トランプ大統領の動きを一望に見渡せる給水塔に、シークレットサービスのエージェントを配置しなかったこと、あるいは、カウンター・スナイパーを給水塔の上に配置しなかったことも、腑に落ちません。

事件の数日後には、犯人を確認して最初に発砲したのは、シークレットサービスのスナイパーではなく、地元の警察のSWATチームの一員だったことも発覚しました。

また、地元の警察が空からも警備できるようにドローンを貸そうとしていたのに、シークレットサービスがこの申し出を断っていたことも分かりました。

シークレットサービスの失態があり得ないレベルだったので、一部のトランプ支持者が、この事件が単なる偶発的なものではなく、仕組まれたものだったのでは？ と考えたのも無理はないでしょう。彼らの思いを代弁するコリー・ミルズ議員のコメントをご紹介しましょう。ミルズ議員は、フロリダ州第7選挙区選出の共和党下院議員で、トランプ大統領の熱烈な支持者です。陸軍の第82空挺師団の一員として、イラク、アフガニスタン、パキスタン、ソマリア、コソヴォの戦場で戦った退役軍人で、戦地での要人の護衛もしていました（第82空挺師団は、おそらくホワイト・ハット［トランプ大統領が設立した宇宙軍と協力関係にある世界中の軍隊］の中心人物であるマイケル・フリン中将が指導していた師団です）。以下、ミルズ議員がCNNのインタビューで語った説得力のあるコメントの一部をご紹介しましょう。

「警備のために現場に先に行くチームは、警備範囲を決める防衛線を確立します。防衛線は、実際にその地域に存在する脅威によって範囲が確定されます。つまり、100ヤード以内に脅威がないのであれば、100ヤードのエリアを封鎖します。しかし、160ヤード先にステージを見渡せるビルがあれば、それは明らかな脅威です。特にそれが高い建物だったら、それはスナイパーのパラダイスです。給水塔もそうだ。先行チームの準備不足だったと思います。だからカウンター・スナイパー（暗殺や射殺を阻止するための狙撃者）が守備範囲を設定できなかった。（中略）

警察のスナイパーは、約75ヤード先の標的を撃つ訓練しか受けていません。シークレットサービスの狙撃チームとは違います。

私は、イラクやアフガニスタンで、何千回も先行チームの一員として警備をし、同じく何千回もカウンター・スナイパーのチームで任務を果たしてきました。今回は、過失もミスもあまりにも多すぎるので、これは誰かが無責任だったから、というより、意図的なものだったと思いたくなってしまいます。

意図的に警備を失敗した、と断言しているわけじゃないですよ。ただ、何かヘンだ、と言ってるんですよ。陰謀論者にはなりたくないですから。陰謀論者と言われないように気をつけながら話さなきゃいけないわけですが、この事件を見て、いったいどうしてこんな失態が発生し得たのか、と、首をかしげているんですよ。だから、FBIの調査だけではなくて、議会も調査に乗り出すべきだと思うんです。さまざまな観点からあらゆる可能性を調べ上げることが必要でしょう。軍隊で、実際に警備の活動をした経験がある人間として言わせていただきますが、あらゆる角度から分析をして、最悪のシナリオも考えるべきです。私は別にジョー・バイデンを責めているわけではなく、単に誰の責任かを突き止めたい、ということです。それが調査というものでしょう。ミスを犯したのは地元の警察なのか、それとも他に何かあったのか。他にも分析し、調査し、その結果を提供する必要があるものがあるのか。もう何十年も起きたことがなかった非常に重大な事件が起きたのですから」

戦場で警備やカウンター・スナイパーの援助をした経験のあるミルズ議員が、言葉を選びながら慎重に発したコメントには信憑性と重みがあるため、トランプ支持者の多くが彼の意見に賛同し、議会による徹底調査が必要だ！　と思いました。

アメリカ最大のポッドキャスターのジョー・ローガンの率直な見解にも、トランプ支持者や中道派の人々が深く頷《うなず》きました。

以下、ローガンのコメントの一部をご紹介しましょう。

「全部ヘンだよな。すべてがあやしい。（シークレットサービスの失態は）無能なのか、意図的なのか、どっちだろう。まるで、映画、『マトリックス』の世界だ。（女性エージェントの無能ぶりを見せつけるビデオを見ながら）見てみろよ！　彼女は銃を抜いた後、ホルスターに戻そうとするけど、うまく戻せなくて、やっと戻せた。すべてヘンだ。彼女、ただうろうろしてるだけだ。全部おかしいよな。ただ動き回ってるだけで、警備してるっていう感じじゃない。動き方がフェイクだ。シークレットサービスは冷静、沈着でいるべきだろう。常に準備万端で、銃を手に、周囲を監視して、左右を見て、機敏で決然とした行動をとるものだろうが」

シークレットサービスの行動が大根役者の芝居で、アメリカ人がみな、映画『マトリックス』の世界で生きている（私たちが現実だと思っている世界は実はヴァーチャル・リアリティのシミュレーションにすぎない）と言わんばかりの痛烈な批判です。シークレットサービスを揶揄《やゆ》したローガンのこのコメントは、ソーシャルメディアで拡散され、「やはりカバールの偽旗工作で、シークレットサービスも共犯か？」と、疑う人が増えました。

C　トランプ暗殺未遂事件はホワイト・ハットの偽旗工作

最後に、暗殺未遂事件がホワイト・ハット（トランプ大統領が設立した宇宙軍と協力関係にある世界中の軍隊）の仕込みだったと思う人々が、全体像をどう解釈しているかをお伝えしましょう。

実は、Q支持者の多くと退役軍人の大半が、「これは、カバールが企んでいた暗殺をホワイト・ハットが途中からハイジャックして、ホワイト・ハット主導で敢行された偽旗工作だ」と、信じています。

Qは、２０１９年2月19日のインテル・ドロップで、トランプ大統領が暗殺される可能性を匂わせています。以下、このポストの主な部分です。

インテル・ドロップ2807

［トピック：納税者からの窃盗］

インサイダー対アウトサイダー

コントロールの維持vsコントロールの喪失

ケネディはアウトサイダーだった［暗殺された］
レーガンはアウトサイダーだった［暗殺未遂］
現大統領はアウトサイダー［最高機密］
連邦準備銀行からイラク（イラク戦争）に送られた資金（現金）の額は？
https://www.theguardian.com/world/2007/feb/08/usa.iraq1
https://www.reuters.com/article/us-iraq-usa-cash/u-s-sent-pallets-of-cash-to-baghdad-idUSN0631295120070207
https://www.cnbc.com/id/45031100
イラク中央銀行から没収された金（現金）の額は？
https://www.ozy.com/flashback/saddam-husseins-billion-dollar-bank-heist/66076
［例――大衆に知られることを意図したものではない］
https://www.nytimes.com/2014/10/12/world/investigation-into-missing-iraqi-cash-ended-in-lebanon-bunker.html
イラクでうまくいったのだから、イランでもやろう。
イランに送られた金（現金）の額は？
https://www.foxnews.com/politics/us-paid-iran-1-3b-two-days-after-400m-cash-transfer

誰が資金の分配を管理しているのか？

誰が資金の勘定をしているのか？

誰が資金にアクセスできるのか？

誰が「本当に」資金にアクセスできるのか？

資金は政治献金という形で戻ってくるのか？

資金は「財団」や「団体」への多額の寄付という形で戻ってくるのか？

資金は、将来の支払い／返済のためのオフショア銀行口座という形で戻ってくるのか？

再現：環境（「グリーン」）、ＡＩＤ援助など。

誠実な管理が行われていない。

抑制と均衡の制度がない。

安全対策がない。

アウトサイダーが大統領になる脅威？

コントロールの喪失？

https://www.youtube.com/watch?v=G2qIXXafxCQ
「数兆ドルの危機」

「利権集団に支配される」

「民主主義という幻想」
［現実世界へようこそ］
過ちを正す貴重な機会を逸するわけにはいかない。
我々国民は、我々が正当に持っているべきものを取り戻さなければならない。
我々は立ち上がらなければならない。
我々は戦わなければならない。
アメリカ合衆国に神のご加護を。

Q

リンクの記事は、それぞれ、「ブッシュはいかにして120億ドルの現金をイラクに送り、それが消え去るのをただ見ていたのか？」、「イラクの支配権をイラク人に返還する前に、米国連邦準備制度理事会は、40億ドル以上の記録的な現金を軍用機の巨大なパレットに載せてバグダッドに送った」、「NY連銀がイラクに送った400億ドルの軌跡。何十億ドルもが盗まれ、行方不明」、「サダム・フセインは国庫を自分の貯金箱と見なしていた」、「イラクに送った何十億ドルもの現金がレバノンの田舎の掩蔽壕《えんぺいごう》に隠されていた」、「オバマはテヘランに4億ドル送った2日後、さらに13億ドルもイランに払っていた」という内容です。

最後のリンクは、2016年10月23日に、トランプ共和党大統領候補が行った、「私たちのムーヴメントは、破綻し腐敗した政治の既成勢力を、あなた方、アメリカ国民によってコントロールされる新しい政府に置き換えることです」、という感動的な名演説です。

このインテル・ドロップを読むと、戦争のみならず外国への資金援助も環境保護やエイズ防止のための支援金も、すべてがカバールとその手下たちの資金洗浄の手段となっていることが分かります。そして、このシステムに参加しないアウトサイダーを、カバールが暗殺している（しようとして失敗した）ことも分かります。

Qは、すでに2019年の時点で、アウトサイダーのトランプ大統領が暗殺の対象となっていることを警告していたので、ドナルド・トランプが立候補した時点から、ホワイト・ハットが常に先手を打って暗殺対策を採っていたに違いありません！

◆FBIの不審行動

カバールの仕業だと思っている人々の批判の矛先はシークレットサービスに向けられていますが、ホワイト・ハットの仕込みだと思う人々は、FBIの不手際も見逃していません。

ＦＢＩの不審な行動をいくつかおさらいしておきましょう。

まず、パキスタン人のアスィフ・ラザ・マーチャントの入国、及び、滞在に関する処置から。マーチャントは危険人物のリストに載っていて、ＦＢＩは彼がトランプ大統領を筆頭に複数のアメリカ人の政治家の暗殺を計画していたことを知っていました。また、彼がイランを訪れ、彼の後ろ盾としてイランが絡んでいることも知っていました。

しかし、マーチャントが4月にヒューストンのジョージ・ブッシュ国際空港に到着したとき、彼に面接して調査をしたＦＢＩ捜査官は、「終始礼儀正しく、協力的だった」と太鼓判を押して、シグニフィカント・パブリック・ベネフィット・パロール（重要な公益を見込んでの仮釈放）という措置を執り、マーチャントは入国、滞在を許可されました。

マーチャントをこの仮釈放制度の対象にした理由は、捜査官がマーチャントを協力者として翻意させ、共犯者を突き止めるため、とされています。

司法省は、マーチャントは4月に入国した直後、暗殺計画のためにある人物を雇おうとし、その人物が法執行機関の秘密情報提供者になった、と報告しています。

マーチャントは、暗殺計画は自分が米国を出国した後に実行される、と、その人物（秘密情報提供者になった人物）に告げましたが、法執行機関はマーチャントが出国する前に暗殺計画を阻止しました。

この一連のＦＢＩの行動は、危険人物をわざと泳がせて最終的に暗殺を防いだ、とも考えられますが、後に本当にトランプ大統領暗殺が実践されたときに、イランに罪を負わせるための布石とも思えます。

今回の暗殺未遂事件の犯人とされるクルックスとＦＢＩも、妙なところでつながっています。クルックスは、２０２３年8月にペンシルヴァニア州のクレアートン・スポーツメンズ・クラブにある射撃練習場のメンバーになり、それ以降、暗殺未遂の日までの約11か月の間に43回、この射撃練習場に通っていました。２０２３年のクリスマスの日も、ライフルの撃ち方を練習していたので、ものすごい熱の入れようです。

このクラブは、シークレットサービスが属する国土安全保障省やＦＢＩのエージェントが常用する射撃場として知られているので、クルックスは少なくともＦＢＩのエージェントと通路ですれ違っていたはずです。

また、暗殺未遂事件の直後に、ジューディシャル・ウォッチ（政府や大企業の監視役として知られる組織）がＦＢＩとシークレットサービスの間で交わされたメールや電話、テキスト・メッセージなどの通信記録の開示を求めましたが、ＦＢＩは、この要求を拒否しています。

これらのＦＢＩの疑わしい行動を見て、Ｑの支持者たちは、インテル・ドロップ５８６を思い出しました。２０１８年1月22日に投稿されたインテルの一部を見てみましょう。

インテル・ドロップ586

もしFBI捜査官から複数の［内部の人間たち］に発信された文章で、大統領やその家族の暗殺（の可能性）について論じていたとしたらどうなるか？

もしそれら文章が外国の同盟国が関与していることを示唆していたら？

（中略）

このようなメッセージが公にされる可能性はあるのだろうか？

FBIはどうなるのか？

司法省はどうなるのか？

特別顧問はどうなるのか？

全体的にどうなるのか？

すべてのFBI／司法省の前例の正当性が問われる可能性がある。

無法。

論理的に考えろ。

我々はまだ人身売買／生け贄に関する投下を開始していない［まだ］［最悪］。

知っている［善良な］者は眠れない。

知っている［善良な］者は平安を見いだすことができない。

知っている［善良な］人々は、責任を負う者たちが責任を問われるまで休むことはないだろう。

この世に存在する純然たる悪と腐敗は誰にも想像し得ない。

皆が信頼する者こそが最も罪深い者なのだ。

我々は誰を信じろと教えられているのか？

もしあなたが信心深いのであれば、祈りなさい。

［少なくとも］60％は公にはできない——人間性を維持するために。

これらの人々は絞首刑にされるべきだ。

Q

インテル・ドロップ1181と3850には、それぞれこう記されています。

インテル・ドロップ1181

我々はすべてを持っている。

どうすれば我々が知っていることを使えるのか？

どのように「合法的に」注入し、公開し、証拠として使うのか？

あなたは何を目撃しているのか?

計画を信じろ。

Q

インテル・ドロップ3850

https://twitter.com/kylegriffin1/status/1226908710150299649
モラーはウクライナへの扉を開けたのか?

モラーは外国諜報活動偵察法［違法］への扉を開けたのか?

どうやって合法的に証拠を提出するのか?

〝弾劾〟はウクライナの調査結果を議論する場を提供したか?

どのように合法的に証拠を導入するのか?

〝弾劾〟は［世論で］大統領を傷つけたか、助けたか?

どのように［民主党］の重罪［汚職］を国民に紹介するのか?

なぜ大統領は国家秘密局から［フセイン］の残党を排除しなかったのか?

［フセイン］の残党が政権内に留まり、偏見を持たず対立せずに大統領の方針を実現するために働く、と、大統領と彼のチームが信じていた、と、君たちは本気で思っているのか?

どうやって「誘発された昏睡状態の」大衆「フェイクニューズの支配」を長い眠りから〝目覚めさせる〟のか？

時には、敵に「公然と」攻撃させる……。

論理的思考。

Q

フセインとは、バラク・フセイン・オバマのことです。

冒頭のX（旧ツイッター）のポストには、こう記されています。

「バー司法長官は、ルディ・ジュリアーニがウクライナで収集した情報を司法省に渡していたことを初めて認めた。実質的に水面下の調査を政府の公式チャンネルに持ち込んだことになる」

Qが「もし～だとしたら？」と、疑問形を使って話しかけるときは、それは仮定的な問いかけではなく、既成事実をやんわりと提示しているのです。

つまり、ホワイト・ハットは、FBI捜査官と複数の内部の人間たちが、大統領やその家族の暗殺を企んでいたこと、及び、彼らの暗殺の企みに外国の同盟国が関与していることを、しっかり把握している、ということです。

そしてインテル・ドロップ１１８１にWe have everything.（我々はすべてを持っている）と明記されている通り、ホワイト・ハットは、それらの記録をすべて保存しています。

しかし、こうした記録は、ＮＳＡ国家安全保障局や軍の情報部が傍受したものなので、何の脈略もなしにいきなり公にすることはできません。こうした記録を合法的に提示できる唯一の機会は、裁判か議会の公聴会で、証拠提示の義務が生じたときだけです。

トランプ側が勝手に記録をリークしても、フェイクニューズに「偽情報だ！」と切り捨てられるだけですが、法廷や議会の公聴会で「調査の末に分かった事実」として提示されれば、オフィシャルな証拠として信じてもらえます。

ですから、Ｑの支持者たちは、「ホワイト・ハットが、カバールの手下であるＦＢＩ、ＣＩＡ、シークレットサービスなどが企んだ暗殺を８割方実行させ（公然と攻撃させ）、トランプ大統領を被害者に仕立てて同情を買えるように仕込み、暗殺に関与した者たちの言動をすべて記録して保管し、議会の調査で提示される日を待っている！」と信じています。

このアングルから暗殺未遂事件を見直すと、先にご紹介した、議会の調査を求めるミルズ議員のコメントが生きてきますよね。

◆「世界中に響いた銃声」

暗殺未遂事件直後、大手メディアでもソーシャルメディアでも、アメリカ人が一斉にShot heard around the world！「世界中で聞こえた銃声、世界中に鳴り響いた銃声」という一言を使い出しました。

これは、もともとは、アメリカ独立戦争の火蓋を切った最初の銃声のことです。

Qは、このフレーズを4度使っています。紙面の都合があるので、そのうちの2つを見てみましょう。

2018年1月19日のインテル・ドロップ。

インテル・ドロップ559

フセイン内閣／スタッフ
誰が私用メールアドレスを使ったのか？
その目的は？
LL。

ＨＲＣ。
ＪＣ。
ＪＣ。
ＣＳ。
ＡＭ。
名前は言わない。
ＲＲ。
ＳＲ。
ＪＢ。
ＨＡ。
ＶＪ。
フセインはプライベートなメールアドレスを使用していたのか？
どういうアドレスか？
ＧＯＯＧを辞任したのは誰だ？
なぜＥＳはＮＫにいたのか？
なぜＥＳはＮＫにいたのか？

ＥＳはＮＫでどのようなプライベートネットワークを構築したのか？
ＥＳはＮＫでどのようなプライベートネットワークを構築したのか？
この時期、他に誰がＮＫにいたのか？
フセインは在任中、どのような私用メールアドレスを使用していたのか？
なぜＧＯＯＧの会長はＮＫに出張したのか？
なぜＮＫはＥＳへのアクセスを許可したのか？
どんなものも本当に消去されることはない。
やつらは愚かだ。
秘密解除──大統領
世界中に響いた銃声
Ｑ

この2日後のインテル・ドロップ。

インテル・ドロップ572

世界中に響いた銃声。

大覚醒。

記憶に残る1週間。

〝名前は言わない〟は、ジョン・マケイン、GOOGはグーグルのことです。イニシャルは、それぞれ、ロレッタ・リンチ（LL）、ヒラリー・ロダム・クリントン（HRC）、ジェイムズ・コーミー（JC）、ジェイムズ・クラッパー（JC）。チャック・シューマー（CS）、アンドリュー・マケイブ（AM）、ロッド・ローゼンスタイン（RR）、スーザン・ライス（SR）、ジョン・ブレナン（JB）、フマ・アバディン（HA）、ヴァレリー・ジャレット（VJ）、エリック・シュミット（ES）、ノース・コレア（北朝鮮）（NK）です。

ウィキリークスのおかげで、ヒラリーが政府の監視を避けるために個人のメールアドレスを使っていたことが発覚したことで、オバマもbobama@ameritech.netという私的なアドレスを使ってヒラリーとメールのやりとりをしていたことが発覚しました。

グーグルの親会社であるアルファベットの取締役会長の座から辞任したのは、エリック・シュミットです。Qは複数の他のインテルで、シュミットとオバマが北朝鮮に行って、カバールのメンバーたちが秘密裏にコミュニケーションをとれるシステムを作っていた、と示唆しています。

カバールがどれほど自分たちのコミュニケーションを隠そうとしても、ホワイト・ハットはすべてお見通しです。

〝どんなものも本当に消去されることはない〟は、たとえ悪事の証拠を消したとしても、一度インターネットを通じて流れたメールやテキストは、ホワイト・ハットが傍受・保存している、ということです。Qが、10回以上、We have it all.（我々は証拠をすべてつかんでいる）と断言していることも忘れてはいけません。

Qのインテルを暗殺未遂事件と重ね合わせて見てみると、カバールが企む暗殺の詳細を知ったホワイト・ハットが、最後の瞬間まで悪者たちを泳がせて、彼らの悪事の言動の証拠を傍受・保管し、暗殺計画を途中からハイジャックしてホワイト・ハットの偽旗工作に切り替えた、と解釈することができます。

暗殺劇の銃弾は、文字通り世界中に鳴り響いて衝撃を与え、アメリカ人にとっては、これがアメリカの第2の独立戦争の合図になり、多くの人々を目覚めさせました。

◆「ファイト！　ファイト！　ファイト！」

撃たれた後のトランプ大統領は、立ち上がって、「ファイト！　ファイト！　ファイト！」

と叫びましたが、Qは4度、Fight! Fight! Fight! と、ファイト3連発のポストを発信しています。このフレーズに直接関連する部分をおさらいしておきましょう。

インテル・ドロップ2018 発信日：2018年8月31日（選挙の不正と投票の重要性に関するポスト）

我々は票を守るために任務を果たす。
君たちも君たちの任務を果たしてくれるか？
ファイト！ ファイト！ ファイト！
Q

インテル・ドロップ2206 発信日：2018年9月18日（フェイクニュースとソーシャルメディアによるQ支持者の声の弾圧と検閲に関するポスト）

君たちが持っている力は本物だ。
ファイト！ ファイト！ ファイト！
Q

インテル・ドロップ2474 発信日：2018年11月10日（大手メディアのいいなりになり政府に盲従する人々の批判）

もう羊ではない！

アメリカの愛国者たちは団結した！

ファイト！　ファイト！　ファイト！

Q

インテル・ドロップ3748 発信日：2019年12月23日（カバールが不法移民や自称〝難民〟に投票権を与えて、選挙で民主党を勝たせようとしていることの批判）

https://www.breitbart.com/politics/2019/12/22/study-immigration-redistribute-26-congressional-seats-blue-states-2020-election/

https://www.breitbart.com/politics/2019/12/22/red-state-democrat-governors-approve-more-refugees-states/

読んで理解することが重要。

なぜ［民主党］は米国に不法移民を溢れさせたいのか？

これは単なる［4］年に1度の選挙ではない。

我々の民主政治の存続がかかっている。

権力と支配。

このバックチャンネル［ツール］を、自己満足に浸るための手段だと勘違いしてはならない。

ファイト！　ファイト！　ファイト！

君たちの声と一票には意義がある。

Q

リンクにあるブライトバートの記事は、「不法移民をアメリカ全土にうまく分配して住民として彼らの人口を数えれば、民主党が強い州の下院議席を26議席増やすことができる」、2つめは、「ケンタッキー、モンタナなどの共和党が強い州で、不思議なことになぜか勝利を収めた民主党の州知事が不法移民を大量に受け入れている」という内容です。

トランプ大統領が叫んだ一言と同じことを言っているQのインテル・ドロップがすべて選挙関連のものだったので、Q支持者たちは、「暗殺劇は、福音派のトランプ支持者の支持をさらに強固なものにして、中道派をトランプ支持に傾け、目覚めていない極左の連中に〝偽旗工作〟の存在を知らしめるきっかけを与えるための芝居だった！」と確信しました。

また、Fight の頭文字のFは、アルファベットの6番目の文字なので、FIGHT! FIGHT! FIGHT! は、666となります。ヨハネの黙示録に、悪魔の化身とされる獣の数字が666だ、と記されているので、666は悪魔・反キリスト者の数字だと考えられていて、数字にこだわるカバールが好んで使う数字です。

ですからQ支持者の多くが、トランプ大統領が「ファイト！　ファイト！　ファイト！」と叫んだのは、カバールのお気に入りの数字に含有されるカバールの魔術を自分のものにするとともに、「おまえたちが数字にこだわることはもう承知の上だ！」と、カバールを威嚇したかったからだ、と信じています。

シークレットサービスに囲まれて演台を降りるトランプ大統領が、右の拳を振り上げて「ファイト！　ファイト！　ファイト！」と叫ぶ姿を捉えた写真は、世界を席巻して、今世紀で最も iconic photo（歴史的瞬間を捉えた象徴的・伝説的写真）だと言われています（21ページ参照）。

青空にはためく星条旗をバックに撮られたこの写真は、硫黄島に星条旗を立てる兵士の写真や、フランス国旗を持って人々を導く女性を描いたフランス革命の絵画に似ていますよね。

そのため、Q支持者の多くが、この写真も「トランプ大統領が先頭を切ってカバールと闘い、アメリカに正義を戻す」と、人々の心にヴィジュアルに希望を植えつけるためのサイ・オプだ！、と確信しています。

また、狙撃犯人が複数いたかもしれないのに、シークレットサービスがトランプ大統領の頭部を全然守っていないことも、Q支持者が、「これはホワイト・ハットの仕込みだ！」と思っている理由の1つです。

◆靴の隠喩

トランプ大統領は、「ファイト！　ファイト！　ファイト！」と叫ぶ前に、「靴を履かせてくれ」と言っています。これは、「シークレットサービスに体当たりされて靴が脱げてしまったから」と、後に本人が説明しています。結局、トランプ大統領は、左脚の靴を残したまま、シークレットサービスに囲まれて退場し、残った靴の写真も、今ではアイコニック・フォトと言われています。

数日後には、右の拳を上げたトランプ大統領の写真の下にFIGHT FIGHT FIGHTとプリントされたスニーカーが299ドルで売り出され、即座に完売しました（69ページ写真）。

実は、カバールは、大昔から偽旗工作の犯罪現場に靴を置き去りにしています。これは、他の自然発生したテロや事件と区別して、「これは我々が行った偽旗工作だ」と、世界各地にいるカバールの手下たちに合図するためです。また、靴が片方だけだった場合は、「被害者（とされる人物）が自発的に偽旗工作に参加した」ことを意味し、左右両方置き去りにされていた場合は、「聖なる儀式への崇拝の念」を意味する、と言われています。

日本でも、川に投身自殺をする人は靴を残して飛び込むので、残された靴は死人の遺品として、死者が出たことの象徴となっていますよね。ホロコースト博物館に展示されている靴の山も、大量の死者が出たことの象徴です。

ハンガリーのドナウ川添いには、ユダヤ人虐殺を悼む記念アートとして置き去りにされた靴が展示されています。

このように置き去りにされた靴は、死者が出たことの証しと化しているので、カバールの偽旗工作（テロ攻撃や乱射事件）が起きるたびに、死体の写真ではなく、置き去りにされた靴の写真が一斉に配信されています。

2015年、世界経済フォーラムのサイトに載せられた「テロが一番多い国は?」という記事でも、テロ現場に置き去りにされた一足の靴の写真がフィーチャーされています。

偽旗工作には実際に死者を出すタイプ（9・11など）と、死者が出たと見せかけるタイプ（ボストン・マラソンやサンディ・フック小学校などオバマ以降のほぼすべてのテロ攻撃と銃乱射事件）がありますが、後者の場合、大手メディアは死者が出たと思わせるために靴を使って心理操作をしているのです。パブロフの犬と同じ仕組みの条件づけです。少なくともホロコースト以来、一般人は靴を見ただけで、死者が出たと勝手に想像するように、訓練されてきたのです。

靴と偽旗工作の関係は、1997年の映画、『ウワサの真相／ワグ・ザ・ドッグ』（大統領選中に、現職大統領がセックス・スキャンダルから大衆の目を逸らせるために、アルバニアで戦争が起きたと見せかける、という筋書き）でも効果的に使われています。

まず、架空のヒーローを作り上げるときに、ハリウッド映画のプロデューサーとスキャンダルもみ消し屋が「靴にちなんだ名前にしよう！」と言って、〝ウィリアム・シューマン軍曹〟がアルバニアで捕虜になったことにして、同情心と愛国心を煽ります。この後、2人は、街の並木の枝にスニーカーをひっかけて、〝シューマンの無事を祈る人たちが靴に祈願を込めてやったこと〟と見せかけて、トレンドを作り、懐メロの〝グッド・オールド・シュー〟という曲をヒットさせて、靴をテーマにしてアメリカ中がシューマン奪還を求めて一斉に愛国的なムードになります。

また、Qのインテル2822では、トランプ大統領をガリバーに例えたイラストが表示され、カバールの手下たちにがんじがらめにされたトランプ大統領の靴をナンシー・ペロシとチャック・シューマーが持ち去っています（69ページ写真）。

置き去りにされた靴は犠牲者（死者）が出たことの証しとして、偽旗工作で頻繁に使われるカバールお気に入りアイテム

上段はオハイオ州デイトン市の銃乱射事件（2019年８月４日）、中段はボストン・マラソン爆破テロ（2013年４月15日）で、下段はブタペストのドナウ川沿いに置かれた、ユダヤ人の犠牲者を悼む靴のアート

2016年の大統領選中、9月11日のセレモニーで急に健康状態が悪化したヒラリー・クリントンが、シークレットサービスにしがみつきながら車に乗り込んだ後、舗道に右足の靴が残されていました。このとき、すでに目覚めた人たちは、「ヒラリーが自主的に逮捕されたのだろう」と言っていました。

2018年5月に、イスラエルのネタニヤフ首相が安倍首相を招待したディナーのテーブルにはデザートを入れた靴（靴の形をした器）が置かれていて、大手メディアは「土足を嫌う日本人に対して失礼！　イスラエルの外務省は下調べが足りない！」と話題になりました。しかし、目覚めた人々は、これはカバールの執行人であるネタニヤフが安倍を威嚇したことの象徴だ、と確信していました。

しかも、トランプ陣営は、暗殺劇の直後に拳を上げたトランプ大統領のアイコニックな写真とFIGHT FIGHT FIGHTという文字をプリントしたスニーカーを299ドルで売り出して即座に売り切れになり、数週間後にはebayで8000ドルで売られています。

そもそも、シークレットサービスは、それほどの勢いで体当たりしたわけではないので、足にぴったりとフィットした革靴が脱げるはずがありません。

ですから、カバールが偽旗工作のシンボルとして靴を使っていることを熟知しているQ支持者たちは、「この暗殺劇は、トランプ側が〝おまえたちの手口はお見通しだ！　同じ手口を使

靴と偽旗工作の関係は深い。インテル・ドロップ2822（ガリバーに例えられたトランプ大統領がカバールの手下にがんじがらめにされたイラスト）でもペロシとシューマーが靴を持ち去る様子が描かれている

暗殺未遂事件の数日後には、右の拳を突き上げたトランプ大統領の下にFIGHT FIGHT FIGHTとプリントされたスニーカーが299ドルで売り出された

って、おまえたちに挑戦してやる！〟と宣戦布告したようなものだ！」と、確信しました。

◆カバールのトランプ暗殺計画は事前に見抜かれていた

アドバスターズとイルミナティ・カードの予言も特筆に値します。

アドバスターズは、〝反資本主義・反消費文化の左派環境保護団体〟です。この組織が発行している雑誌や声明文は、オキュパイ・ウォール・ストリートの台頭や2020年に起きた〝黒人差別に起因する暴動〟などを予知したことで知られています。特に、アンチ・トランプの〝市民運動〟や〝抗議運動〟に関しては、彼らの予測通りに事が運ぶことが多いので、私の周囲の退役軍人たちは、「アドバスターズはカーミック・リトゥリビューション（因果応報）を恐れるカバールが、将来遂行する悪事を大衆に知らせるための組織で、彼らが発行する記事やビデオは、暗い未来の予測ではなく、大衆への告知であると共に、フォロワーたちを暴動や抗議運動へと駆り立てるための台本だ」と信じています。

そのアドバスターズが暗殺未遂の起きる数週間前に発売した雑誌には、トランプ大統領の右のこめかみに銃弾の軌跡を思わせる線が引かれたイラストが載っていました。そのため、アドバスターズがカバールの告知機関だと信じている退役軍人たちは、この時点からトランプ大統

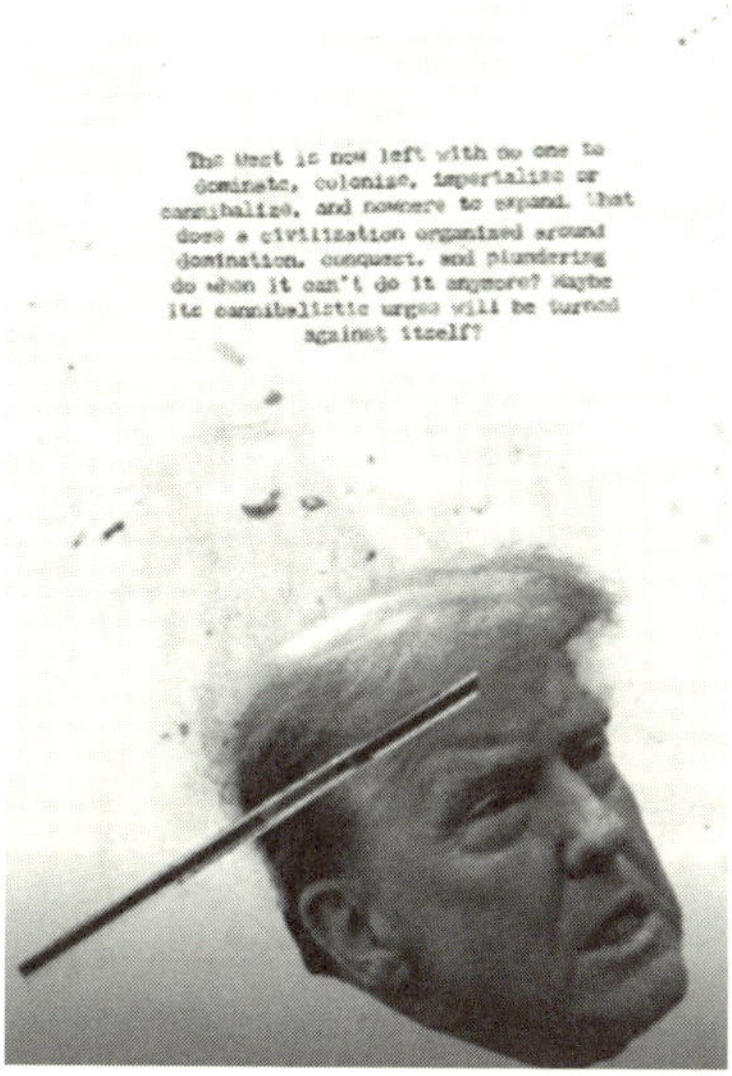

近未来の予測がよく当たると言われるアドバスターズ（反資本主義・反消費文化の左翼環境団体）が発行する雑誌に、暗殺未遂事件が起きる数週間前に掲載されたイラストには、トランプ大統領の右のこめかみに銃弾を思わせる線が引かれていた。

トランプ大統領としか思えない男性が険しい表情で叫んでいるイルミナティ・カードのタイトルはEnough is Enough（もうウンザリだ！いい加減にしろ！）で、その下には「いつでも、どこでも、我々の狙撃者たちがおまえを倒すことができる。楽しい一日を送るがいい！」と記されている。

領の暗殺計画があることを見抜いていました。

一方、１９９０年代半ばに売り出されたイルミナティ・カード・ゲームは、９・11のテロ（ワールド・トレイド・センターのツインタワー爆破やペンタゴンの炎上）、２００２年にスペイン沖で起きたオイル・タンカー沈没による原油流出事故、２０１０年にボディガードと共に登場したレディ・ガガ、２０２０年のパンデミックを予言したイラストで知られています。

特に、ボディガードに支えられるレディ・ガガを予言したカードにプリントされているキャプションは、“Deprogrammers《デプログラマーズ》”（プログラミング＝マインドコントロール解除人）なので、「ハリウッドのスターや有名ミュージシャンはカバールの広告塔として動く操り人形だ」と信じているコンスピラシー・セオリストたちを喜ばせていました。

このカード・ゲームには、トランプ大統領としか思えない男性が、険しい表情で叫んでいるカードがあり、そのカードのタイトルはEnough is Enough（もうウンザリだ!、いい加減にしろ!）で、「いつでも、どこでも、我々の狙撃者たちがおまえを倒すことができる。楽しい一日を送るがいい!」と記されています。

このイラストは、右の頰に入っている赤線も含めて、暗殺未遂直後に唇の右端に血痕があるトランプ大統領の顔にそっくりです!

１９９０年代半ばから、すでにカバールがトランプ政権誕生を予知して、暗殺を企んでいた可能性もなきにしもあらず、ですよね。

少なくとも、テキサスの退役軍人たちは、Qのインテル・ドロップを何度も読み返し、アドバスターズやイルミナティ・カード・ゲームをしっかりとフォローして、カバールがトランプ大統領の暗殺を企てていることを、ちゃんと知っていました。

単なる退役軍人たちが知っているカバールの予言・予告をホワイト・ハットが見逃すはずなど、絶対にあり得ません。

ゆえに、Q支持者、とりわけ退役軍人たちは、この暗殺未遂事件は、ホワイト・ハットがカバールの暗殺計画を逆手にとって仕組んだ偽旗工作だ、と確信しているのです。

◆「ラリー（rally）」と「ショウ（show）」

トランプ大統領自身も、暗殺劇を匂わせるシグナルを送っています。

まず、2020年の選挙の後に閉鎖されたトランプ大統領のツイッター（現X）のアカウントに表示されているバナーの写真は、2020年10月31日にペンシルヴァニア州バトラーで選挙演説をした時に撮影されたものです。

目覚めた人々は、これは単なる奇遇ではなく、トランプ大統領とホワイト・ハットがずっと前からバトラーで暗殺劇を企画していた証拠だ、と思っています。

さらに、トランプ大統領は、暗殺未遂事件の7週間後、8月30日にペンシルヴァニア州ジョンズタウンで行った演説で、客席にいた常連のアーヴィング・ウォール氏（レンガの壁をプリントしたスーツを着てトランプ大統領の集会に頻繁に参加している熱狂的トランプ支持者）に、こう話しかけています。

「ミスター・ウォール、アーヴィング・ウォール、立ってくれないか？　アーヴィング・ウォール、すばらしい男だ。彼はバトラーにも来てた。バトラーにもいたんだ。僕はバトラーでも彼の姿を見たんだけど、he's been to many shows. 彼はたくさんのショウに来てる」

この後、トランプ大統領は、アーヴィングに、How many shows have you been ?「いくつのショウに来たんだい？」と問いかけ、アーヴィングは「数え切れないほどです」と答えています。

選挙演説の集会は、普通は rally という英語で表現されます。トランプ大統領自身も、頻繁に Is there anything better than a Trump rally ?「トランプのラリーに勝るものがあるかい？」、Is there any perfect place to be on a beautiful Saturday evening than a Trump rally ?「すばらしい土曜の夕方を過ごす場所としてトランプのラリー以上にパーフェクトな場所なんてないだろう？」、Is there anything more fun than a Trump rally ?「トランプのラリーほど楽しいものはないよなぁ」と、選挙集会をラリーという単語で言い表しています。

それが、この日だけは、ラリーをショウと言い換えるなんて、ちょっとヘンですよね。

Q支持者たちは、ショウという単語を聞くと、パブロフの犬のごとく、Qが何度も発信している一言、Enjoy the show.「ショウを楽しんでくれ」を思い浮かべます。

彼らは、この〝ヘン〟な言い回しを犬笛のように聞き分け、これはトランプ大統領とホワイト・ハットのシグナルで、彼らは、「バトラーの集会＝暗殺未遂事件はショウだったので、Enjoy the show！ショウを楽しんでくれ！」と発信しているのだ！、と確信しました。

◆セオドア・ルーズヴェルト暗殺未遂の真相

また、この暗殺劇は、1912年の大統領選挙の2週間前にウィスコンシン州のミルウォーキーで起きたセオドア・ルーズヴェルト暗殺未遂劇に似ています。

当時、愛国心が強い現職のタフト共和党大統領が圧勝すると見られていました。しかし、共和党の予備選で敗れたルーズヴェルトがプログレシヴ党を設立して出馬し、暗殺者の銃弾に撃たれた後も、1時間以上も演説して男を上げて人気を集め、共和党の票を二分したせいで、民主党のウィルソンが勝ってしまいました。

浮気のせいでカバールに脅迫され、カバールの手下となったウィルソンは、連邦準備制度を制定し、国連の元となった国際連盟を立ち上げ、トロツキーにカネを与えてロシアを共産化しました。ルーズヴェルトが票を割らなかったらタフトが圧勝していたので、ルーズヴェルトの暗殺未遂事件は人気取りのための芝居だったと、目覚めた人々は確信しています。

トランプ大統領暗殺未遂事件の2日後に始まった2024年の共和党大会が、ウィスコンシン州ミルウォーキーで開かれたこと、共和党員たちがルーズヴェルトが暗殺未遂事件の前に食事をしていたギルパトリック・ホテル（現在はハイヤット・リージェンシー）に宿泊していたこと、彼らに会うためにトランプ大統領がこのホテルを訪ねたことなども、奇遇を超えてできすぎとしか言いようがありません。

そのため、完全に目覚めた人々は、「トランプ大統領がルーズヴェルトと同じ手を使って、カバールに〝暗殺の一人芝居でタフトから大統領の座を奪ったおまえらの手口はバレてるぜ！〟と、知らしめているのだ！」と、確信しました。

◆テレビのライヴ映像と別角度の現場映像はまったく違う

トランプ大統領の耳から血が流れたことや、その後、トランプ大統領の右耳に傷跡があったことなども、目覚めた人々は、「ハリウッドのスペシャル・エフェクトを使えば、それぐらいのことは簡単に達成できる」と信じています。

実は、暗殺未遂事件が起きる前も、トランプ大統領はほぼ毎週アメリカ各地で集会を開いていましたが、こうした集会をテレビで放送したのはケーブル・チャンネルのニュースマックスだけでした。しかし、暗殺未遂が起きた日の集会は、すべてのテレビ局（ABC、CBS、NBC、FOX、CNN、MSNBC、NewsMax）がライブ中継をしていました。

これだけでも、「どのテレビ局も〝この集会で何か起きる！〟と前もって知っていたのでは？」と、思えますが、驚くのはまだ早い！

トランプ大統領が〝撃たれた〟後に、シークレットサービスに囲まれて車に乗り込むライヴ中継のプール映像をごらんになってください。

https://www.youtube.com/watch?v=KEoIzgO1_Ms

2分20秒から2分30秒まで、画面の後方、赤い壁の前にライフルを手にした迷彩服の兵士の姿が映っています。2分31秒から、この兵士はトランプ大統領が乗り込んだ車のほうに歩いていき、2分34秒から1秒間、車に銃を向けています。

兵士がトランプ大統領の車に銃を向けること自体、ありえない行為ですが、これまた、驚くのはまだ早い！！！

下がこの時の実際の映像
車を取り囲んでいる壁など何もない。

https://www.youtube.com/watch?v=tAtu1YU-PHo

これは、現場に居合わせた一般人が実際に撮影した、左のニュース映像と同じ場面を撮影したもの。

ということは、全米中に流された左のNBCの〝ライヴ映像〟とは一体何なのか。

カバール広報部のフェイクニューズ・メディアは、生中継の映像をリアルタイムで好き勝手に操作することができることが分かる。

それまでトランプ大統領の選挙集会（rally）を中継放送していたのはケーブル・チャンネルのニュースマックスだけだったのに、暗殺未遂が起きたこの日の集会は、すべてのテレビ局(ABC、CBS、NBC、FOX、CNN、MSNBC、NewsMax)がライブ中継していた。どのテレビ局も〝この集会で何か起きる！〟と前もって知っていたとしか考えられない。そして、加工映像用の組み合わせ素材も準備万端整えられていたことになる。

トランプ暗殺未遂現場の〝ライヴ映像〟はまさしくフェイクニュースそのものだった

この映像を見る限り、大統領がシークレットサービスに囲まれて乗り込んだ車は明らかに壁に取り囲まれている。車の前方にはライフルを持った迷彩服の兵士が１人立っている。

この迷彩服姿の兵士は、トランプが車に乗り込んだ直後、一瞬だけだが、車に向かって銃口を向ける様子を見せる。

https://www.youtube.com/watch?v=KEoIzgO1_Ms

次に、トランプ大統領が車に乗り込むシーンを別の角度から一般人が写した映像をごらんになってください。

https://www.youtube.com/watch?v=tAtu1YU-PHo

文字通り現場を生で写したこのビデオには、赤い壁もなければ、兵士も存在しません。

つまり、すべてのテレビ局が流した〝ライヴ映像〟は、まさしくフェイクニューズで、テレビをコントロールしている機関は生中継の映像をリアルタイムで好き勝手に操作することができる、ということです。

Q支持者たちは、この2つの映像を見比べて、「ライヴ映像への兵士のスーパーインポーズ（画像重ね）は、大手メディアがフェイクであることを知らしめるために、ホワイト・ハットが仕込んだ布石だ！」と、信じました。

◆ヴィンセント・フスカが銃撃の際に平然としていた

トランプ大統領の向かって左後ろにいたヴィンセント・フスカ（帽子をかぶりめがねをかけた中高年の男性）が、銃声が響いた後も微動だにせず平然と立っている姿も、記憶に残る光景です。

トランプ・ラリー（rally）の常連で謎の人物ヴィンセント・フスカはこの日もトランプ大統領のすぐ背後にいた。銃声が響いたあとも平静にしているように見えるので、Q支持者は「フスカは暗殺劇があることをホワイト・ハットから事前に聞いていた」と考えた。

ヴィンセント・フスカは、２０１６年の大統領選でトランプ候補の集会に足繁く通っていた人物で、Ｑの支持者の間では、一時、「実は生きているＪＦＫJrか歌手のジョン・デンヴァーが変装した人物では？」と噂になっていました。彼の素性は分かりませんが、彼が熱烈なトランプ支持者で、この日、黄色いハンカチ（旗信号で黄色い旗はＱを意味する）を右ポケットに入れていました。

そもそも、ヴィンセント・フスカのVincentの語源はラテン語のvincere「征服する、克服する」、fuscaはラテン語で「暗い、薄暗い」という意味です。これは、トランプ大統領のテーマ・ソングの1つ、〝ネッスン・ドルマ〟（プッチーニ作『トゥーランドット』のアリア）の最後のフレーズ、All'alba vincerò! Vincerò! Vincerò!「夜明けに私は勝利を収める！　私は勝つ！」を体現したようなものです。Ｑのインテル・ドロップにもたびたび、「光は闇を克服する」と記されているので、やはりヴィンセント・フスカはＱとつながりがある人物です。

そのため、Ｑ支持者たちは、「フスカは事前にホワイト・ハットから暗殺劇が起きることを知らされていたのだろう」と、思っています。

◆銃撃の際の犠牲者とはどのような人たちか

流れ弾に当たって死者が出たことに関しても、Q支持者は、信憑性を高めるためにホワイト・ハットが仕組んだ芝居の一環だと捉えています。

その根拠となるのは、ニューズウィーク誌が2021年5月17日に発行した「軍の極秘潜入部隊の内部」という記事です。少し長くなりますが、この一部をご紹介しましょう。（　）内は私の説明です。

　過去10年間に国防総省によって創設された秘密部隊は、世界が知る限り最大のものである。現在、約6万人がこの秘密部隊に所属しており、その多くは自分の身元を隠して（別人になりすまして）目立たないように働いている。「シグネチャー・リダクション」（個々を特定できる特徴の削減）と呼ばれる広範なプログラムの一環だ。CIAの秘密部隊の10倍以上の規模を誇るこの部隊は、軍服を着て、あるいは民間人のふりをして、実社会で、そしてネット上で、国内外での任務を遂行し、有名企業も含む民間企業やコンサルタント会社に潜伏している場合もある。（中略）

　この新たな秘密の世界を管理するために、約130の民間企業がシグネチャー・リダクション・プログラムに関与している。ほとんど知られていない十数の秘密の政府組織がこのプログラムをサポートし、機密契約を結び、公に知られていない作戦を監督している。

これらの企業は、この極秘活動を支援するために年間9億ドルの費用を投じて、偽の書類の制作、偽名で活動する個人の請求書（および税金）の支払い、変装や発見・識別を妨害する装置の製作、中東やアフリカの最も人里離れた場所での活動を撮影・傍聴するための目に見えない装置の製作など、あらゆる作業を行っている。常時、数千人が任務に就いていて、彼らは真のアイデンティティを隠して活動している。

この機密部隊の中で、最も新しく、最も急速に成長しているグループは、キーボードを操る人員だ。オンライン上で偽の人格を装い、「無属性」や「誤属性」のテクニックを駆使して、自らの身分や所在地を隠し、重要な標的を探し、一般にアクセスできる情報を収集し、さらにはソーシャルメディアに影響を与え、操作する作業に従事する最先端のサイバー戦士や情報収集作業員だ。ＮＳＡでは数百人が働いているが、過去5年間で、軍のあらゆる諜報機関や特殊作戦部隊が、情報収集とその活動のセキュリティを守るためのウェブ作戦部隊を開発した。（中略）

ジョナサン・ダービーの秘密の生活

ジョナサン・ダービーは毎朝10時に起きて、週に1度、郵便配達に出かける。ダービーは彼の本名ではなく、ミズーリ州の本物の運転免許証に記されている偽名でもない（ジョナサン・ダービーという名前は、ニューズウィークの記事のために使われた仮名）。彼が運転す

身分を完全に隠して諜報活動・極秘工作に従事する国防省の秘密部隊は、指紋認証や顔認証を回避するための物も含め、高度な装備を与えられる

靴のかかとに埋め込まれた追跡装置（左）。盗聴器が埋め込まれたランプの台座（中央）（写真提供：ウィリアム・M・アーキン）

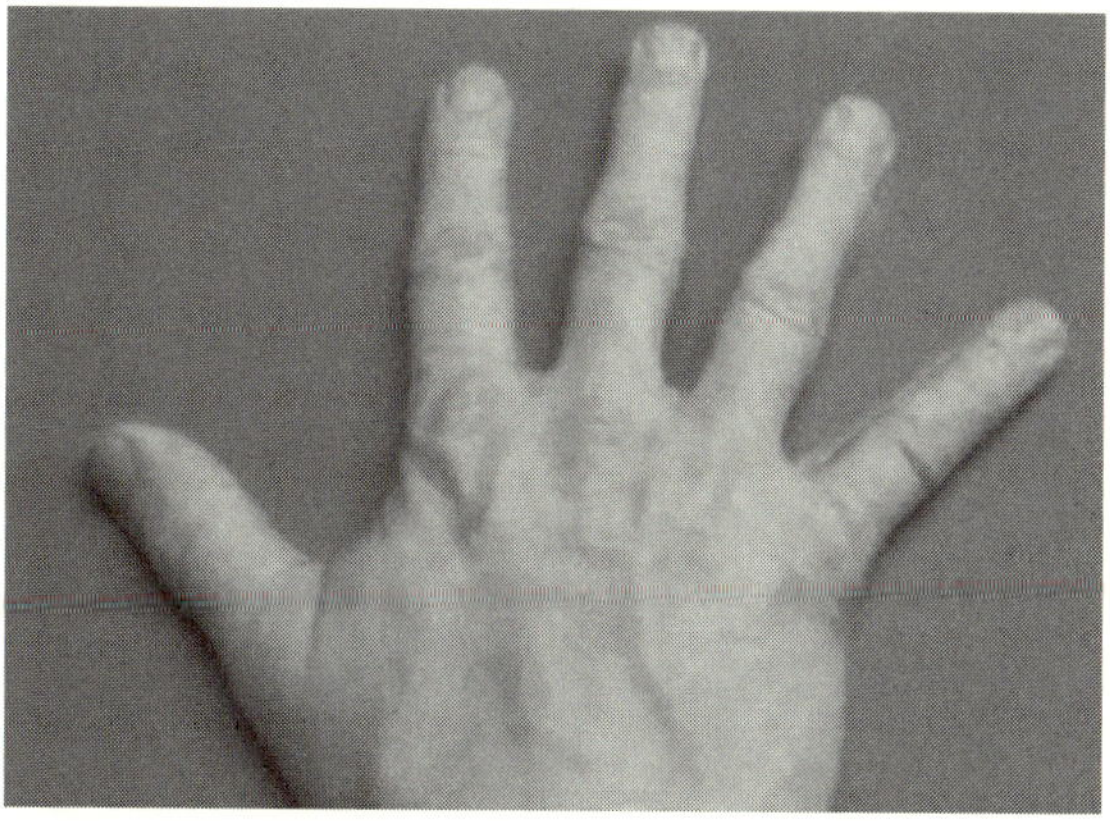

指紋押捺を回避し、秘密裏に渡航する人物の偽身分証明に使用されるシリコン製のハンドスリーブ（写真提供：ウィリアム・M・アーキン）

る車は、合衆国政府一般調達局が所有する20万台以上の連邦車両のうちの1台で、この公用車は彼の本名でも偽名でも登録されておらず、磁石で貼りつけられたメリーランド州のナンバープレートから彼や彼の組織を探り出すことはできない。ダービーの勤務先や訪問先も機密扱いとなっている。（中略）

ダービーは、ワシントンDC都市圏にある約40の郵便局や郵便受けを回りながら、トランクいっぱいの手紙や小包を受け取り、地方の住所からも同様の数の手紙などを発送している。オフィスに戻ると、彼は受け取った荷物を整理し、請求書を財務担当者に届け、海外から郵送された数十通の個人的な手紙やビジネスレターを処理する。しかし、彼の主な仕事は、シグネチャー・リダクションの「メカニズム」と呼ばれるもので、実在しない人物のパスポートや州の運転免許証、請求書、納税書類、団体の会員証などを処理して、転送し、架空人物が実在すると見せかける基礎を築くことだ。（中略）

インターネットが普及する前、つまり地元の警官や国境警備隊がリアルタイムで中央データベースにアクセスできる前は、「潜入捜査」に必要なのは、本物の写真付きの身分証明書だけだった、とダービーは言う。しかし、最近では、特に深く潜入して活動する者にとっては、IDの背後にある人物説明は、作り物の名前以上のものと一致しなければならない。ダービーはこれを「精査」と呼んでいる。慎重に調査して偽の出生地や住所を選び、

潜入工作のためには顔を完全に変える必要がある。そのための技術はすでに現実に完成している

仮面に隠れた正体：外見を完全に変えるために使用される老化仮面の型（写真提供：ウィリアム・M・アーキン）

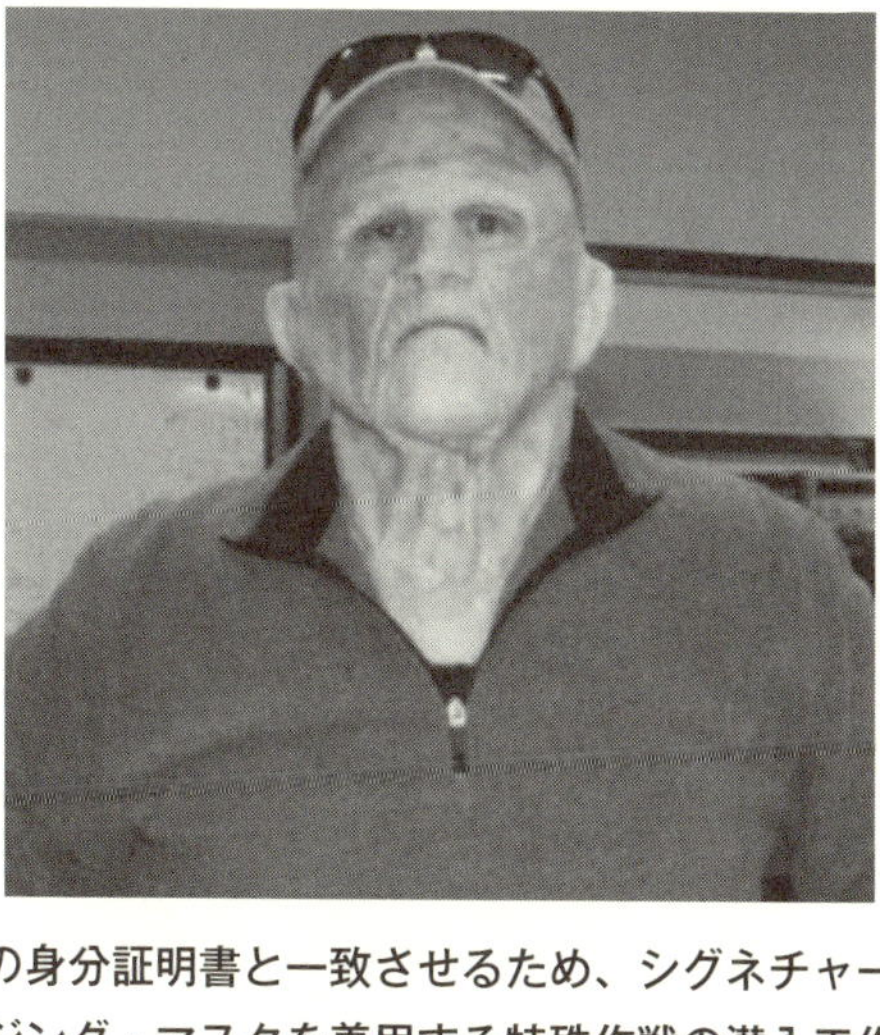

別の顔：偽の身分証明書と一致させるため、シグネチャー・リダクション・エージング・マスクを着用する特殊作戦の潜入工作員（写真提供：ウィリアム・M・アーキン）

偽の電子メールやソーシャルメディアのアカウントを作成しなければならない。そして、偽の存在には〝友人〟も必要だ。特殊作戦、情報収集、サイバー工作など、秘密裡に活動するほとんどすべての部隊には、小規模な請負業者によって運営されているシグネチャー・リダクション担当セクションがあり、精査を行っている。そこで彼らは、ダービーがシグネチャー・リダクションの6原則と呼ぶ、信頼性、互換性、現実性、支持可能性、真実性、適合性を遵守して作業を行っている。（中略）

ダービーが所属する組織の任務には、身分詐称やマネーロンダリング（資金洗浄）の捜査をする銀行やクレジットカードのセキュリティ部門に、見て見ぬふりをしてくれるように協力を求めることも含まれている。また、偽の身分で活動していた人員の任務が終了した後、彼らが元の生活に戻れるようにするために、彼らの実際のクレジットカード、実際の税金や社会保障費の支払いを続行することも、任務の1つだ。

他の組織は、特注の変装や、国内外移動を可能にするための生体認証機能対応策開発を担当している。ダービーによれば、ここにスペシャル・アクセス・プログラム（SAP）が集中している、という。SAPは政府情報の中でも最も極秘のカテゴリーであり、指紋認証や顔認証など、だますことが不可能だと思われる安全対策を回避して、外国のシステムを操作するために使用される方法や、極秘技術を保護している。（中略）

生体認証システムをごまかすプログラムの1つは、2017年初頭にウィキリークスによって公開された〝Vault 7〟と呼ばれるカテゴリーの中で言及されている。電子情報監視とハッキングの秘密の世界で使用される8000以上のCIAの機密ツールに関するカテゴリーだ。エクスプレスレイン（急行車線）と呼ばれるこのプログラムは、アメリカの諜報機関が外国の生体認証や監視リストのシステムにマルウェア（悪意のあるソフトウェア）を埋め込み、アメリカのサイバースパイが外国のデータを盗むことを可能にするものだ。

ベルリンでウィキリークスのために働いているIT技術者は、エクスプレスレインのコードは、合衆国がこれらのデータベースを操作できることを示唆している、と言う。「NSAかCIAは、その諜報員が認証システムを通過する日にデータを改竄し、その後、元に戻すことも、不可能ではない」と、彼は言っている。（中略）

ノースカロライナ州の片田舎にある、シグネチャー・リダクションの小さな会社は、主に秘密収集と通信の分野に携わっているという。極秘盗聴器を日用品に加工する方法をオペレーターに教える作業場兼訓練施設は、成形や鋳造、特殊塗装、老化マスク製作技術の宝庫だ。

この物静かな会社は、ハリウッドのように、人を含むあらゆる物体を変身させることができる。ある機密契約書は、老化させ、性別を変え、太らせることができる、と言っている。また、本物の手にぴったりとフィットし、本物の人間の脂を染みこませたシリコン製のスリーブを使って指紋を変えることもできる、と言う。この器具が効果的かどうか尋ねられると、トレーニングを受けたある情報筋は、笑ってこう答えた。「それをあなたに教えたら、あなたを殺さなければならなくなる」と。

この記事を根拠に、Q支持者の多くが、「暗殺未遂事件に巻き込まれて死んだ人は、何年も別人になりすまして地域社会に潜伏していた覆面工作員だった」と信じているのです。

もちろん、https://crisiscast.com/ や、https://crowdsondemand.com/、https://projectcasting.com/job、などの映画のエキストラや偽旗工作に欠かせないクライシス・アクターを扱うキャスティング・エイジェンシーからけが人や死者を装う人間を雇った可能性もあります。

死んだ、とされている消防士の名前は、Corey Comperatore コーリー・コンペラトーアです。トランプ大統領は共和党大会の演説で、コンペラトーアの消防服をステージに飾り、黙禱を捧げました。

この後、消防服の背中に記された名前が Comperatore ではなく Compertore となっていたことが話題になり、「トランプが消防服をでっち上げて名前まで間違えたのでは?」と、トランプ大統領を揶揄するコメントがソーシャルメディアに溢れました。しかし、これは何年か前に消防服を作ったときに起きたミスで、コーリーがミスを直すことを要求せずにこの消防服を着ていたことが分かり、生前のコーリーの謙虚な人柄を物語る美談となりました。

しかし、Q支持者は、Qが少なくとも3回、「ミススペルには意味がある」と書いていることから、このスペルのミスも意図的なものだと思いました。そして、抜け落ちたAを括弧に入れてフィーチャーした「A」が含まれるQのインテル・ドロップ790には、「清算の日が迫っている。ヨハネ3-16」と記されています。そして、ヨハネによる福音書第3章16節には、「神は、その独り子をお与えになったほどに、世を愛された。独り子を信じる者が1人も滅びないで、永遠の命を得るためである」と記されているので、Q支持者たちは、わざとスペルを間違った消防服を展示したのは、「善と悪の最終決戦で神を信じる者たちが勝利を収め、悪者が罰を受けることを告げるシグナルだ」と解釈しました。

さらに、トランプ大統領が捧げた黙禱がきっかり17秒だったことも手伝って、Q支持者たちは、この暗殺未遂事件がホワイト・ハットの芝居だった、と、さらに強く確信しました。

この暗殺劇が、まだ眠っている人たちにカバールの邪悪さを伝え、半分目覚めた人たちをさらに揺り起こし、福音派の熱意を再燃させたことは、確固たる事実です。

しかし、それよりも重要なのは、いざとなれば銃を持って立ち上がる意気込みのQ支持派の退役軍人たちが、「ホワイト・ハットの仕込みだ」と信じて、「トランプ大統領を守るために我々が戦う必要はない」と、安心したことです。

これも、福音派の人々の思い入れと同じで、読者のみなさんが芝居だったと信じるかどうかは重要ではなく、武器の使い方、戦い方を心得ている退役軍人たちが「芝居だから立ち上がる必要はない」と信じたことが重要なのです。

トランプ大統領とホワイト・ハットが一番恐れていたのはアメリカが内戦状態に陥ることでした。それを防げた、というだけでも、この暗殺劇（未遂事件）は、まさに歴史的な出来事だった、と言えるでしょう。

第2章

カマラ・ハリスはフェイクの象徴

◆カマラ・ハリスという〝フェイク〟

バイデンがあり得ない失態を繰り返して、ぼけ老人ぶりをさらけ出したことで、中道派の人々が「こんなじいさんが大統領でいいのか?」と、素朴な疑問を抱き、何かヘンだ!、と気づき始めました。目覚めていない人々は、バイデンが年のせいで認知症になってしまったのだろう、と思い、目覚めた人々はホワイト・ハットが操るバイデンの役者が、人々を目覚めさせるためにわざと呆れるほどの失態を繰り返しているのだろう、と思いました。真実は後に明らかにされるでしょうが、理由がなんであれ、バイデンが失言を繰り返し、無様な様子をさらし続けたことで、多くの人々が目覚めていったのは事実です。

バイデンを大統領選から外して候補になったカマラ・ハリスも、バイデンに勝るとも劣らない醜態を披露し続けました。

まず、バイデンが候補を辞退する寸前まで、大手メディアではハリスを批判するニュースが続出し、リベラル派が好んで見ているコメディ番組も意味不明の発言が多いカマラを揶揄して、「カマラは『ヴィープ』そのものだ!」と、カマラを小馬鹿にしていました。

「ヴィープ」(Veep はヴァイス・プレジデント=副大統領を意味する略語)は、大統領が奥さんの病気のため辞任し、無能な女性副大統領が大統領に昇格し、次期大統領選に出馬する、という政治風刺ドラマです。この筋書き、マイヤー副大統領を演じたジュリア・ルイス＝ドレイファスの容姿がカマラに似ていたこと、さらに2人の意味不明のコメントの内容も似通っていたことで、カマラこそヴィープだ！、と思う人が左派の中にもたくさんいました。

ヴィープの台詞と、実際にカマラが発したコメントを比較して見ましょう。

ヴィープ　我が同胞、アメリカ人のみなさん、言葉にはさまざまな意味があり、自分が意味することとは違う意味を伝えることもあります。

カマラ　地域社会の子供たちというのは、地域社会の子供たちのことです。

ヴィープ　我が国はアメリカ合衆国です。なぜなら、それは合衆した国だからです。

カマラ　時の経過の意義というのは、時の経過の意義のことです。なぜなら、時の経過には大きな意義があるからです。

ヴィープ　何が待ち受けているかは分かりません。ある時点で過去は未来でしたし、未来は未知です。

カマラ　私たちはこれを深刻に受け止めなければなりません。なぜなら、深刻に受け止めることを強いられているからです。

ヴィープ　肥満は深刻な問題なので、深刻に対処しなければなりません。

コメディ作家が書いた台詞に匹敵するほどアホらしいコメントを堂々と連発するカマラは、バイデンが出馬を諦めるまでは物笑いの種でした。

しかし、実際にカマラが大統領候補になった後は、大手メディアもセレブも、180度方向転換して、一気にカマラをほめまくり始めたのです！　ごく普通の感覚を有し、ごく普通にテレビを見ていた人たちが、このあり得ない豹変ぶりに呆れかえって、「トランプ大統領の言うとおり、やっぱり大手メディアはフェイクニューズだ！」と気づきました。

トランプ大統領とのディベートでも、カマラはアメリカが抱える数々の問題に関して具体的な解決策を提示することはありませんでした。一方、ディベートの司会者たちは、カマラが真実とは違うことを言っても事実検証をしないまま見過ごしましたが、「バイデン＝ハリス政権下のアメリカでは犯罪件数が増している」などのトランプ大統領が述べた不都合な真実に関しては、いちいち偽の事実検証をして、ケチをつけまくりました。ディベートの後は、大手ニュースが一斉に「カマラが圧勝した！」とはやし立てましたが、ツイッターの人気投票では、トランプ大統領が勝ったと思う人が62・3%を占めていました。

この、あまりにも不公平なディベートとあり得ない世論調査の結果は、大手メディアはフェイクニューズであるばかりではなく、国民の敵だ!、というトランプ大統領の言葉が真実だと気づかせるきっかけになりました。

さらに、カマラの言動にはあまりにも嘘が多かったことで、カマラ自身がフェイクだ!、と思う人が急増しました。以下、カマラがいかにフェイクかを物語る言動をいくつか拾っておきましょう。
●母親はインド人、父親はジャマイカ人のくせに、黒人票がほしいゆえにアメリカ黒人のふりをしていた。
●カマラを助けるためにウィキペディアがカマラの父親を〝アフリカ系〟と改竄した。
●共産主義に近い極左思想の持ち主なのに中道派のふりをしていた。
●上院議員時代に不法入国者の国外追放を禁じる法案を提出していたのに、不法入国者を取り締まっている振りをしていた。
●犯罪を犯した不法入国者釈放政策を採り、警察の予算削減を訴えていたくせに、法と秩序を守る振りをしていた。
●民主党大会はインフルエンサーやセレブにカネを払って、観衆を寄せ集めてやっと客席を満杯にした。
●チップに課税しないというトランプ大統領の公約をマネした。
●キャンペーン会場の空席を黒幕で隠していた。
●トランプ大統領の集会が始まる何時間も前のキャンペーン会場のビデオを拡散して、トランプの集会は空席だらけだ、と偽った。
●集会の会場を埋めるために、人を雇ってバスで〝観衆〟を会場に運んでいた。
●テレビ番組が主催した集会の会場を埋めるために観衆調達業者を雇って観衆を空輸していた（業者の社名が FansOnQ だったので、Q支持者は、カマラがいかにフェイクかを見せつけるためのホワイト・ハットの仕込みだと思った）。
●AIを使って支持者がたくさんいるように見える偽造写真を拡散した。この後、トランプ支持者がエヴェレスト山腹に集まった90億人のカマラ支持者の偽写真を拡散し、カマラのフェイクさを嘲笑した。
●カマラの選挙キャペーンはインフルエンサーにカネを払って、褒め言葉を言わせていた。
●リズ・チェイニー元共和党下院議員（ブッシュ時代のチェイニー副大統領の娘）を筆頭に、ブッシュ、ロムニー、チェイニー、マケインの何百人ものアドヴァイザーやスタッフがカマラ支持を表明したあと、反戦、アンチ大企業のはずの民主党議員や左派記者たちがこの矛盾に関して一言も言及しなかった。

●カマラの選挙本部が提示した〝タッカー・カールソン（トランプ大統領支持者のコメンテイター）が銃規制支持を表明した手紙〟は、偽物だった。

●ハリケーンの被災者救済のためにエアーフォース2で移動中も関係者と電話で話して仕事をしている、とされる写真もやらせで、イアフォンが接続されていない携帯電話と白紙の紙がテーブルの上に置いてあった。

●ノース・キャロライナのハリケーン被災者を救済しているふりをするために、州兵に物資を飛行機に積み込ませ、その写真を撮ってメディアに披露したが、その後、飛行機を被災地に飛ばさなかった。

●ハリケーンの被災者救済活動が後手後手で混迷している最中《さなか》、カマラはヴォーグの写真撮影をしていた。

●3年半も副大統領の地位に居座って現政権の政策に関わっていたくせに、スローガンが〝ア・ニュー・ウェイ・フォワード（新路前進）〟だなんて、あり得ない！

●警官の組織をでっちあげてカマラ支持を発表させ、あたかも警官がカマラを支持しているかのように見せかけた。

●カマラ選挙本部はアリゾナ大学の学生の個人データを入手して、カマラに投票せよ、とテキスト・メッセージを送っていた（これは選挙法違反行為）。
●ジョージア、ミシガン、ニュー・メキシコ、ネヴァダ、ニュー・ハンプシャー、ノース・カロライナでも、大学生にテキスト・メッセージを送っていた。
●カマラが2009年に出した本、『スマート・オン・クライム』は、他の人が書いた文献やニュース番組の情報を切り貼りした盗作だった。
●カマラを支持する一般男性5人の証言を集めたCMに出てくる〝一般男性〟は、全員、3流のコメディアンと端役《はやく》しか演じたことがない3流の役者だった。
●カマラへの寄付金の大部分は、本物の庶民からのものではなく金持ちが他人の名前を使って不正に行った政治献金だった。
●庶民感覚があることをアピールするために、カマラは「マクドナルドで働いていたことがある」と言い、〝証拠〟としてマクドナルドの制服を着ている写真を提示したが、実際にマクドナルドで働いた後に42歳で病死した白人女性の写真の顔をカマラにすり替えた偽造写真だった。これに対し、トランプ大統領は実際に20分ほどマクドナルドで働き、マクドナルドで働いたことを示す証拠がないカマラとのコントラストが強調された。
●「自由、民主主義、平和を守る」と主張しながら、実際の行動はイランにカネを送り、ウクライナに武器・資金援助をしているカマラは偽善者だと見抜く人々が続出し、アメリカで最もムスリムの多いミシガン州では、ムスリムの住人が、平和を築いてくれるトランプ大統領を、公式に支持した。

このような事項が連日連夜、次から次へと明らかになって、カマラ自身もカマラのキャンペーンもすべてがフェイクであることを、脳みそがある人々がハッキリと理解しました。

◆大手メディアの非合法バックアップを受けても落ちたカマラ・ハリス

グーグルや大手メディアがカマラを積極的に助けていることも誰の目にも明らかになり、中道派も、「これって選挙干渉なのでは？」と気づき始めました。特にトランプ支持者が呆れかえった選挙干渉の事例をおさらいしておきましょう。

●本当は選挙広告なのに、グーグルの支援を受けてカマラを褒める報道機関の記事と見せかけていた。この事実を指摘された後、グーグルはコンピュータのエラーだったと言い訳したが、多くの人々が「カマラの支持率を上げるためのグーグルによる間接的選挙干渉だ！」と、真相を見抜いた。

●メタ（フェイスブック）も、反カマラのサイト、トランプ支持派のサイトが目立たないように裏工作していた。
●大手メディアも談合してカマラのイメージ・アップ作戦を展開。
●CBS主催のディベートの司会者、マーガレット・ブレナンの夫は上院議員時代のバイデンの外国対策顧問だった。
●ブレナンの両親はシリアからの移民で、父親はアメリカでイスラム法を広めようとしていた。
●MSNBCのプロデューサーは、あらゆることをしてカマラを当選させるために努力している、と言っていた。
●インタビューも、やさしい質問ばかりで、カマラを利口に見せるための芝居だった。
●有権者との対話のための集会も、やらせだった。
●世論調査もフェイク。カマラの支持率が高いのは調査対象に民主党支持者を異常に多く選んでいるから。民主・共和・無党派の割合が現実に即した世論調査やXの人気投票ではトランプ大統領が圧勝している。
●報道番組の老舗、CBSの「60ミニッツ」も、インタビューに答えるカマラを利口に見せるために、彼女のコメントを編集していたことが判明し、CBSの権威が失墜し、大衆が「60ミニッツもフェイクニューズだった！」と気づいた。
●有権者が質問をする集会は、あらかじめカマラ側に提示された質問のみにカマラが答える、という八百長だった。
●アメリカで最も有名なコメディ番組『サタデイ・ナイト・ライヴ』に選挙の3日前にカマラ・ハリスが出演して、カマラに投票しろ！　と呼びかけた。これは、候補者に同等に出演時間を与えなければならない、というFCC連邦通信委員会の規則に違反する。

10月19日には、イーロン・マスクの、「CNNはDNN、Disinformation News Network 偽情報ネットワークと名義変更すべきだね」という一言が話題になって、大手メディアがすべてフェイクニューズだと確信する人が激増しました。

同日、ネット情報を記録しているウェイバックマシンがハッキングされた後に、2019年から2024年までのツイッター・ブログ・ポストの記録がすべて削除されていたことが分かりました。これを知った保守派は、偽情報を振りまいていたCIA関係者が証拠隠滅のためにウェイバックマシンをハックしたのだろう、と思いました。

しかし、次の日、イーロンが「必要ならもう一度提供しますよ」とXに投稿したので、Q支持者たちは、Qが10回も We have it all. 我々はすべての証拠をつかんでいる、と言っていることを思い出してほくそ笑みました。

◆カマラ支持のセレブたちは脅迫されている

10月には、カマラを必死に支持しているセレブたちが、ジェフリー・エプスタインやPディディが主催したハニーポット・パーティ（要人やセレブに魅力的な女性・男性・子供をあてがってセックスをさせ、その様子を隠しカメラで撮影して脅迫のネタを収集するためのパーティ）の出席者や、悪魔崇拝者のマリナ・アブラモヴィッチと関係がある人間ばかりだったことも、さまざまなソーシャルメディアで話題になりました。

オバマがゲイでミシェル・オバマが男であることや、オバマとカマラを支持する有名司会者のオプラ・ウィンフリーが人身売買をしていることは、拙著『オバマの正体』で詳しく書いたので、みなさんもすでにご存じでしょう。しかし、選挙のたびに民主党候補支持を表明して環境保護を訴えていたレオナルド・ディカプリオもPディディのパーティに顔を出していたことは、多くの人々にとって大ショックでした。とはいえ、10月27日にマディソン・スクエア・ガーデンで行われたトランプ大統領の集会で、前座として出演したコメディアンが「カマラの支持者は、スウィフト、エミネム、ディカプリオ、ビヨンセとかで、デモクラティック・パーティ（民主党）はP・ディディのパーティって感じだね」というジョークがソーシャルメディアで拡散され、笑いの中に真実あり!、と悟る人々が急増しました。

また、ガース・ブルックスがレイプ容疑で訴えられた後は、バイデンの就任式で「アメイジング・グレイス」（葬式で歌う曲）を歌ったブルックス、ジェニファー・ロペス（Pディディのパーティに出席していた）、レディ・ガガ（アブラモヴィッチと懇意）と、就任式に出席したトム・ハンクス（共演者が「ハンクスは子供とセックスをしていた」と言っていた）に再び焦点が当たりました。そして、Q支持者たちが、「就任式に悪魔崇拝者やセックス写真・ビデオを撮られて脅迫されているセレブが招かれ、ブルックスが『アメイジング・グレイス』を歌い、軍隊が葬儀の礼砲を撃ったのは、ホワイト・ハットがバイデン政権は偽物だと知らせるためだった!」と確信しました。

そして、10月下旬に、アトランティック誌が「トランプはヒットラーを崇拝している!」と、大嘘の記事を書き立てて、それを別の大手メディアが大々的に報道し、カマラも「トランプは600万人のユダヤ人を殺したヒットラーを崇拝している!」と吹聴しました。その最中に、アトランティック誌のオーナーであるローレン・パウエル・ジョブズ（アップルのCEOだったスティーヴ・ジョブズの未亡人）がカマラの親友であることや、ジョブズがギレーヌ・マクスウェル（ジェフリー・エプスタインのハンドラー）と懇意だったことも判明しました。

10月29日には、オバマ時代・トランプ時代のFBI長官、ジェイムズ・コーミーが2016

年のトランプ選挙本部に2人の女性工作員を潜入させてハニーポット工作をしていたことが発覚し、Q支持者たちが左記のインテル・ドロップと、その解説をソーシャルメディアで拡散しました。

インテル・ドロップ158

ハニーポットとは?
恐喝の定義。
どのように適用できるのか?
ファンタジーランド。
誰がすべての情報を持っているのか?
No Such Agency.(そんな機関はない)
狩る側が狩られる側になる。

【解説】 ハニーポットとは、色仕掛けで標的となる人物に不利になる状況をつくりあげ、それをネタに標的を脅迫する裏工作。ファンタジーアイランド=エプスタイン島はハニーポットの拠点だった。No Such Agency(NSA国家安全保障局)がカバールのハニーポット工作の証拠をすべて握っているので、トランプ大統領復帰後にハンター(狩りをする者)

が狩られる者になる。

これを読んで、すでに目覚めた人々が、ＦＢＩの元祖内部告発者、シベル・エドモンズの、「大統領が任命した長官や判事の身元調査をＦＢＩが行うのは、汚職をした人間を排除するためではなく、ＦＢＩが脅迫できる汚職まみれの人間のみを要職につけるためだ」という名言を思い出しました。

10月30日には、アーノルド・シュワルツェネッガーが、「カマラ・ハリスに投票した」と公表。即座に、ソーシャルメディアで「シュワルツェネッガーはヒラリーの側近で子供とセックスをしていたと噂されているジョン・ポデスタと親しい！」というコメントが拡散され、シュワルツェネッガーもセックス・ビデオを撮られていたのだろう、と感づく人が急増しました。

こうして、１＋１＝２だと計算できる人々が、Ｐディディ、アトランティック誌のオーナーとエプスタインの関係、ＦＢＩのハニーポット、シュワルツェネッガーとポデスタ、などの一連のニュースを検討して、左記の結論に達しました。

●ハニーポットで脅されたセレブや要人たちが必死にカマラを支持してるのは、トランプ大統領が返り咲いて自分たちのセックス・ビデオが露呈されることを恐れているからだ！

●Pディディが長い間ずっと逮捕されなかったのは、FBIやCIAに脅迫の材料を提供していたからに違いない。

◆警戒態勢をまだ解いていないトランプ支持者

そして、トランプ大統領が再選された後は、4回の大統領選の総得票数を比較した棒グラフ（2012年：オバマ6591万5795票、2016年：ヒラリー6585万3514票、2020年：バイデン8128万3501票、2024年：カマラ6820万2067票）を見て、2020年のバイデンの得票数がオバマ、ヒラリーを1500万票、カマラを1300万票も上回っていたのはおかしい！、と気づく人が続出し、2020年の大統領選における不正が再び大きな話題になりました。

トランプ支持者の多くは、カマラが負けを認めた後も、「民主党は、ロシアかイランがハッキングした！　と言い出して、偽トランプ支持者に偽旗工作の暴動を起こさせるかもしれないし、バイデンを退場させてカマラを大統領にした後に偽旗工作核戦争を起こして、カマラが大統領権限を行使してトランプ就任を延期するかもしれない」と、まだ警戒態勢を維持しています。まだ目覚めていない人々を揺り起こすためには衝撃的な惨事が必要ですし、バイデン政権

2012年から2024年までの４回の大統領選の総得票数を比較した棒グラフ
2020年のバイデンの得票数が2012年のオバマや2016年のヒラリー・クリントンの総得票数より頭抜けて上回っていることに、普通のアメリカ国民が「これはおかしい！」と気づき始めた

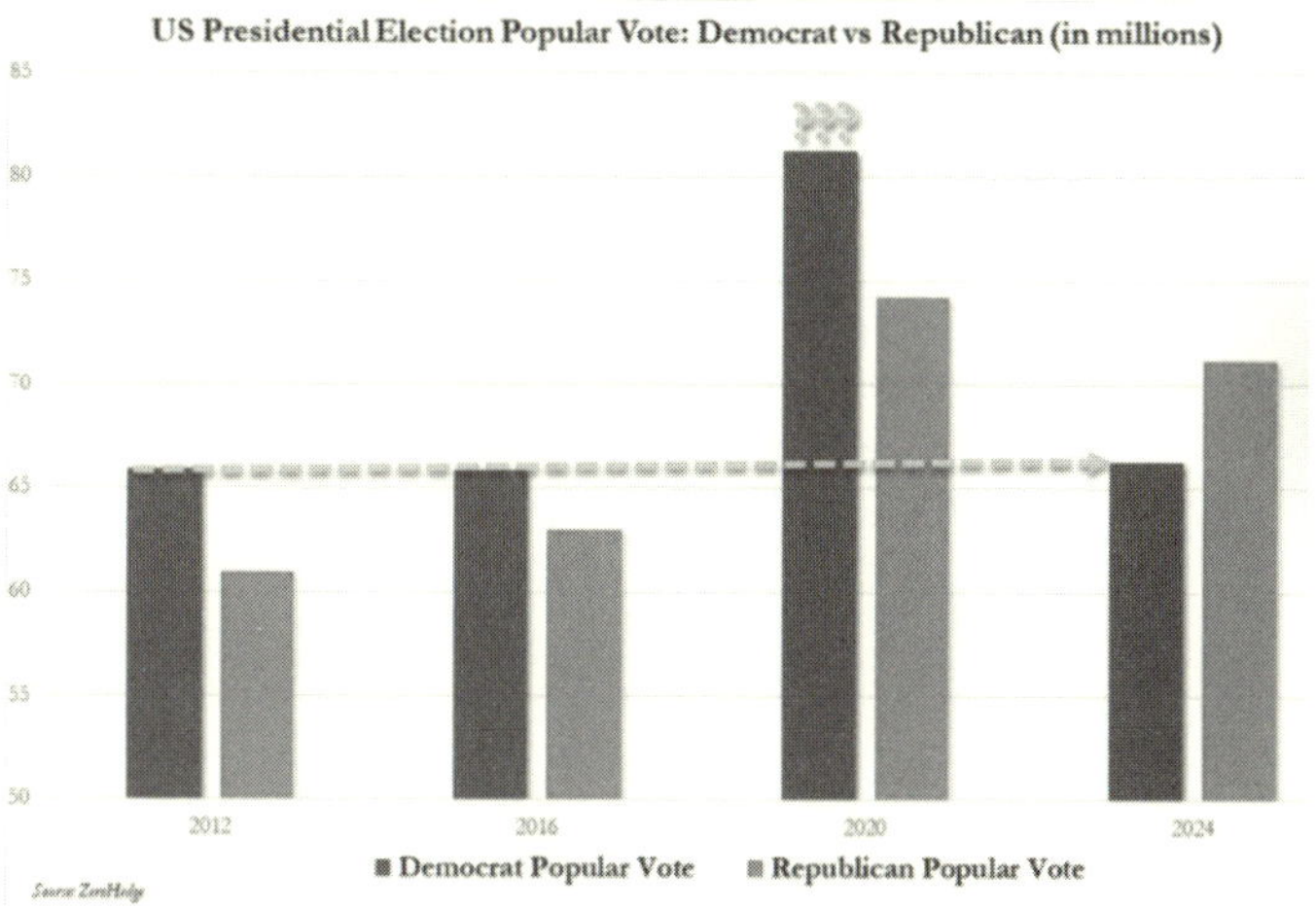

おかしいのはそれだけではない。今回の選挙の総投票者数が2020年より1800万人少なかったので、1800万人はどこに消えたんだ？という質問に、誰かが「まだ死んだままだ」と答えて、これがジョークになって流行っている（民主党が死人の名義を使って不正投票したことを揶揄したジョーク）。

中にアメリカ経済が破綻すれば、トランプ大統領が連邦準備制度を潰しやすくなるので、なんらかのスケアー・イヴェント（恐ろしい出来事）が起きる可能性は少なくありません。この本が出る頃には、ホワイト・ハットがどんな筋書きを展開するのか、その方向性が見えてくるでしょう。

第3章

トランプ大統領が送り続けたシグナル

◆大多数のアメリカ国民を目覚めさせた

バイデンの就任式が偽物だと示すシグナルをアメリカ軍が送ったことは、『カバール解体大作戦』や『帰ってきたトランプ大統領』で詳しく説明した通りですが、トランプ大統領は2021年以来ずっとさまざまなシグナルを発して、「トランプが今でも最高司令官で、この4年間で国民を目覚めさせるためにホワイト・ハットが偽バイデン政権にわざと最悪の政策を採らせている」と、知らせ続けました。

実は、トランプ大統領のシグナルだけで1冊の本が書けるほどなのですが、ここでは特に注目に値するシグナルのみを選りすぐってご紹介しましょう。

まず、トランプ大統領が2015年に出馬したときからテーマ・ソングとして使っている〝ネッスン・ドルマ〟は、「誰も眠ることはない」という意味です。Qのインテル・ドロップに何度も出てくる映画、『トータル・フィアーズ』（極右勢力が偽旗工作で戦争を起こそうとするがアメリカとロシアの大統領が協力して彼らを殺す、という筋書き）のラストで悪者たちが殺されるシーンのBGMとして使われています。歌詞の最後の部分、All'alba vincerò！ vincerò, vincerò！は「夜明けに、私は勝利を収める、私は勝つ！」という意味なので、Q支持者たち

トランプ大統領のトゥルース・ソーシャルのアバターは、トランプ大統領が復帰後に9.11テロがカバールの偽旗工作であったことを暴露することを示しているとQ支持者は信じている

トランプ大統領のトゥルース・ソーシャルでのアバター

『ブレイヴハート』でのウィリアム・ウォレス（メル・ギブソン）

「45-47」とハイフンでつながれている意味は、トランプ大統領は45代大統領、46代大統領、47代大統領だ、ということ。

は、「選挙結果が出る夜明けにトランプ大統領が勝利を収め、カバールを叩き潰すという意味だ」と捉えています。

次に、トランプ大統領のトゥルース・ソーシャルのアヴァターを見てください。『ブレイヴハート』の戦闘シーンのウィリアム・ウォレス（メル・ギブソン）を連想させるトランプ大統領の顔の左側の星の数は11個、右側の2本のストライプ（白地に2本の赤いストライプ、あるいは赤地に2本の白いストライプ）は数字の11に見えるでしょう？　Q支持者たちは、これは9・11を暗示し、トランプ大統領が復帰後に2001年9月11日のテロがカバールの偽旗工作だったと暴露することを示している、と捉えています。

トランプ大統領がかぶっている帽子を見てみましょう。右側には45-47と刺繍されています。45・47、45／47ではなく、45と47がハイフンでつながれているので「45から47まで」、つまり、トランプ大統領は45代大統領、46代大統領、47代大統領だ、という意味です。

また、トランプ大統領は2023年9月28日に、「今は、僕の2期目のようなものだけど、この2期目は最悪だ」、2024年8月26日には、「僕は今まで8年間政府の仕事をしてる」とコメントし、実はまだ自分が大統領であることをほのめかしています。

トランプ大統領がハンガリーのオルバン大統領やウクライナのゼレンスキー大統領と会って政治や停戦の話をしてるのも不可思議です。実権がない前大統領に、わざわざ外国の首脳が会いに来るでしょうか？

2023年10月7日、アイオワ州で行われた集会では、大統領の紋章とThe President と型押しされた黒いレザーのバインダーをさりげなく観衆に見せています。

2023年12月9日にニューヨークで行われたヤング・リパブリカン・クラブ（青年共和党クラブ）の年会では、司会者がトランプ大統領を紹介するときに、「第45代、第46代、第47代大統領」と言っています。

2024年9月10日にABCが主催したディベートでは、司会者のデイヴィッド・ミュアーが冒頭の一言で「ハリス副大統領とトランプ大統領は4年前に当選しました」と言っています。ミュアーは、ABCの夜6時半から7時のニュース番組のアンカー兼編集長です。最も大切な報道番組を仕切るミュアーが、こんな大切なシーンで言い間違いをするわけがありません。編集長でもあるミュアーは自分で書いた原稿が映し出されるテレプロンプターを読んでいたはずですから、テレプロンプターにも「トランプ大統領は4年前に当選しました」と書かれていたはずです。Q支持者たちは、この一言を聞いて、「ミュアーは、なんらかの交換条件でフェイクニューズの悪玉から善玉に寝返って、ホワイト・ハットの指示に従って〝2020年の選挙でトランプ大統領が再選された〟と暗示するためのシグナルを送ったのだ！」と確信しました。

トランプ大統領も10月21日に、ブロンクスの床屋で主に黒人のお客さんと歓談した際に、

「僕はワシントンに17回行ったことがあって、４年間ワシントンに居て、その後、ある意味でさらに４年いたようなものだ」と、この８年間ずっとワシントンにいた、とほのめかしています（17はアルファベットの17番目の文字、Ｑの数字です）。

また、２０２２年11月５日の出馬表明演説では、こう言っています。

「ポーズ（一時的中断）の重要な要素のひとつは、彼らがどれだけひどいことをしてきたかを、みんなが見えるようになり、そのおかげで我々が適切な行動をとりやすくなる、ということです。この２年の間にどれほどひどい政策が採られたかが誰の目にも明らかになり、それが４年続いた後に、みんなが我々の政策に同意してくれるようになるのです。どれほどひどいかが誰の目にも明らかになるので、我々はやるべきことを簡単にやれるようになるわけです」

２０２４年９月17日には、「２０２０年、２０１６年の選挙でも感じられなかったほどの活気がある。あまりにひどい状況だとみんなが悟ったからだよ。成功を収めた僕の４年間と対比できたから分かったんだよ。対比できたから、バイデンやカマラがいかに無能かってことがハッキリ見えるようになったんだ。カマラはジョーより無能だ」と発言しています。

２０２４年９月27日には、ミシガン州の集会でこう言っています。

「この４年間の大惨事で唯一の不幸中の幸いは、我々がこの国を立て直すときに国民の理解を得られる、ということです。我々の政策をそのまま続けて実行するよりも、はるかに多くの理解を得ることができるでしょう」

言外の意味は、「実際は2020年の選挙で再選されたが、わざと負けた振りをして身をひいて、カバールにやりたい放題やらせてアメリカを破壊させたので、最悪の体験をした国民が〝これではいけない！〟と目覚め、アメリカ人優先政策のすばらしさを痛感して、トランプ新政権の方針を大歓迎してくれる」です。つまり、トランプ政権が2期続いていたら、目覚めれない人の数が多すぎて、保守派にしか受け入れてもらえなかった政策も、偽バイデン政権でアメリカがどん底に陥ったせいで、大多数の人々がトランプの政策の利点を理解できるようになった、ということです。

Qは何度も、「大衆に真実を伝えられない時は、真実を見せなければならない」と言っていますが、まさにその通りです。トランプ大統領が1期目に、「カバールはグリーン化政策の規制強化でアメリカの製造業を潰し、ガソリン代や食費を大幅に上げ、ウクライナなどの外国に巨額の援助金を与えて紙幣を刷りまくって超インフレを引き起こし、国境を開放して不法入国者を無制限に受け入れ莫大な補助金を与え、選挙の不正投票を通常化して非アメリカ人に投票させ、LGBTQ優遇政策をごり押しして子供たちを洗脳して子供の性転換手術を推奨し、気象兵器を使ってアメリカを破壊しようとしているので、それを阻止するためにアメリカ優先政策を採らなければならない！」と警告を発しても、誰も信じなかったでしょう。それどころか、

「トランプは人種差別主義者、LGBTQ差別主義者だ！」と罵倒され続けて、アメリカ優遇政策を推進することは不可能だったでしょう。

しかし、トランプ大統領が2020年の選挙で負けた振りをして表舞台から退き、偽バイデン政権に最悪の政策を採らせてやりたい放題やらせたおかげで、極左以外の人々、つまり8割以上のアメリカ人が激しいインフレ、不法入国者の被害を肌で体感して、「トランプ派以外の政治家（カバールの手先）が推すポリシーはアメリカを破壊するための政策だ！」という真実が見えてきたのです。そのおかげで、トランプ大統領が復帰した後は、8割以上のアメリカ人がアメリカ優遇政策のありがたみを痛感し、第2期トランプ政権は元々遂行したかった政策の法案を通過させやすくなったのです。

◆トランプを投獄して内戦を起こそうとするカバール

2024年の選挙の前後に暴動が起きるかどうかに関しては、トランプ大統領は「アメリカ国内に病的な左翼過激派がいるけど、必要なら州兵や軍隊が楽々と対処してくれるだろう」と言っているので、各地でトランプ派を装ったカバールの工作員が仕掛けた暴動が起きたとしても、内戦にまで発展することはないでしょう。

Qも、内戦にはならない、と言っていますが、これも4年のポーズの間に、真実を悟る人間が激増し、8割方のアメリカ人が目覚めたからこそのことです。

とはいえ、インテル・ドロップ1374には、「刑務所から公務を遂行できるか?」と書いてあるので、トランプ大統領圧勝後に、民主党がなんらかのいちゃもんをつけてトランプ大統領を投獄することも考えられます。内戦を起こしてアメリカを内側から破壊しようとしているカバールは、トランプ大統領を投獄して、怒ったトランプ派に暴動を起こさせようと企んでいるのです。しかし、今では、2021年1月6日の議事堂〝襲撃〟事件が、カバールの偽旗工作だったことがばれてしまったので、トランプ派が暴動を起こすことはあり得ません。

◆本物のバイデンはすでに死んでいる

トランプ大統領とホワイト・ハットは、さまざまな手段を講じてバイデンが偽物であることを暗示し続けました。

まず、トランプ大統領は、何度も繰り返して Biden is shot. と言っています。これは「バイデンは使い物にならない形無しの状態になっている」という意味で、認知症のような言動が目立つバイデンを批判したコメントだと受け止められています。しかし、Qは何度も「ダブル・

ミーニングの場合もある」と言っているので、Q支持者たちは、「トランプ大統領は〝バイデンはすでに処刑された〟と伝えている」と捉えています。

共和党全国大会では、タッカー・カールソンがバイデンがボケ老人なみの言動をとってもかばい続ける民主党を批判して、「彼らは死人を大統領にすることもいとわない」とコメントし、バイデンが〝死人〟だ、とほのめかしました。ディサンティスも休暇ばかりとっているバイデンを非難して「『バーニーズ あぶない!?ウィークエンド』を地で行く大統領がさらに4年も居座ることに、アメリカが耐えられるはずがありません」と言いました。『バーニーズ あぶない!?ウィークエンド』は、保険会社の社員2人が社長のバーニーの別荘に招待され、別荘に着いた2人はバーニーの死体を発見したものの、休暇を楽しむために2人はバーニーが生きているように見せかける、というコメディです。つまり、ディサンティスも、〝バイデンは実はすでに死んでいる〟と匂わせたのです。

次に、2024年8月13日、偽バイデンがニューオリンズの空港に到着するシーンを見てみましょう。

https://www.youtube.com/watch?v=rPiPCh3THHo

1分10秒から2分45秒のシークエンスで画面真ん中辺に写っている兵士は携帯電話をいじっています。バイデンの到着前だとはいえ、兵士は警備のために空港で待機しているわけですか

2024年 8 月13日、偽バイデンがニューオリンズの空港に到着するシーン。警護の兵士たちのあり得ない様子から、この兵士たちが偽物だと如実に分かる

0 分30秒
偽バイデンが乗った飛行機が到着

1 分10秒～ 2 分45秒
中央の兵士は携帯電話をいじっている

2 分52秒～58秒
背広姿の男性に肩をつかまれる女性兵士。勤務中の本物の兵士に民間人が触れることなどあり得ない

ら、明らかに勤務中です。本物の兵士は任務遂行中に携帯電話をいじったりしません。つまり、この〝兵士〟は偽物です。

2分52秒から58秒のシークエンスで画面の中央から左へと移動する女性兵士は、歩き方にも姿勢にもまったく緊張感がありません。本物の兵士はこんなぶらぶらした歩き方はしません。さらに、後ろから歩いている黒人男性が彼女の右肩をつかんで、押しているではありませんか！　勤務中の本物の兵士の身体に民間人が触れることなどあり得ません！　この〝女性兵士〟も、明らかに偽物です。

私の隣人の退役軍人たちはこの映像を見て、「ホワイト・ハットの仕込みだな！　バイデンが偽物だと、俺たち（退役軍人）にシグナルを送ってるんだ！」と、抱腹絶倒して大喜びしていました。

2024年9月11日には、9・11の同時多発テロのイヴェントでペンシルヴァニア州シャンクスヴィルの消防署を訪れたバイデンが、トランプ支持者の住人に勧められて TRUMP 2024とプリントされた赤い野球帽をかぶる、という1コマがありました。この後、バイデンは子供たちと写真を撮りましたが、少なくとも7人の子供たちはトランプ大統領のTシャツを着ていました。バイデンが本物で、本当に民主党を勝たせたいなら、こんなバカなことをするはずがありません！

2024年９月11日、ペンシルヴァニア州シャンクスヴィルのイヴェントでTRUMP 2024とプリントされた野球帽をかぶる偽バイデン

2021年９月11日、同じ場所でトランプ大統領の野球帽をかぶった子供たちと記念写真に写る偽バイデン

実は、バイデンは2021年の9・11記念式典でも、同じ消防署を訪れ、トランプ大統領のTシャツを着た少年、トランプ大統領の野球帽をかぶった子供たちと一緒に写真を撮っていました。しかも、彼らの背後にはQと書かれた箱が写っていたので、Q支持者たちは、「どちらもホワイト・ハットのシナリオに従って、偽バイデンが国民を目覚めさせるためにとった行動だ！」と確信しています。

また、10月27日にマディソン・スクエア・ガーデンで行われた集会で前座のコメディアンがプエルトリコを〝ゴミの島〟と呼んだ後、バイデンが「唯一のゴミはトランプ支持者たちだ」とコメントし、左派の政治アナリストたちも「たとえ民主党に投票してくれないことが分かっていても、対立候補支持の有権者をゴミ呼ばわりするのは選挙では自殺行為だ！」と、呆れかえりました。

次の日、トランプ大統領はウィスコンシン州の集会に、車体にTRUMP MAKE AMERICA GREAT AGAIN 2024と書かれたゴミ収集トラックに乗って現れ、ゴミ収集作業員のベストを着て観衆の前に登場し、「まず言わせてもらおう。2億5000万人のアメリカ人はゴミじゃないぞ！」と言って、大観衆から拍手喝采を浴びました。

この一連の流れが、あまりにもできすぎていたので、「いくらぼけても、政治家が選挙直前に自殺行為（対立候補支持者を馬鹿にする発言）をするはずはないから、バイデンはやはり偽物

自身のペドフィリア（幼児性愛）の噂（というより告発）がSNSで取り沙汰されている中で、ここまでの醜態を晒すバイデンは完全にボケているか、さもなければホワイト・ハットの脚本に従い、人々を目覚めさせるための芝居を打っているのだろう

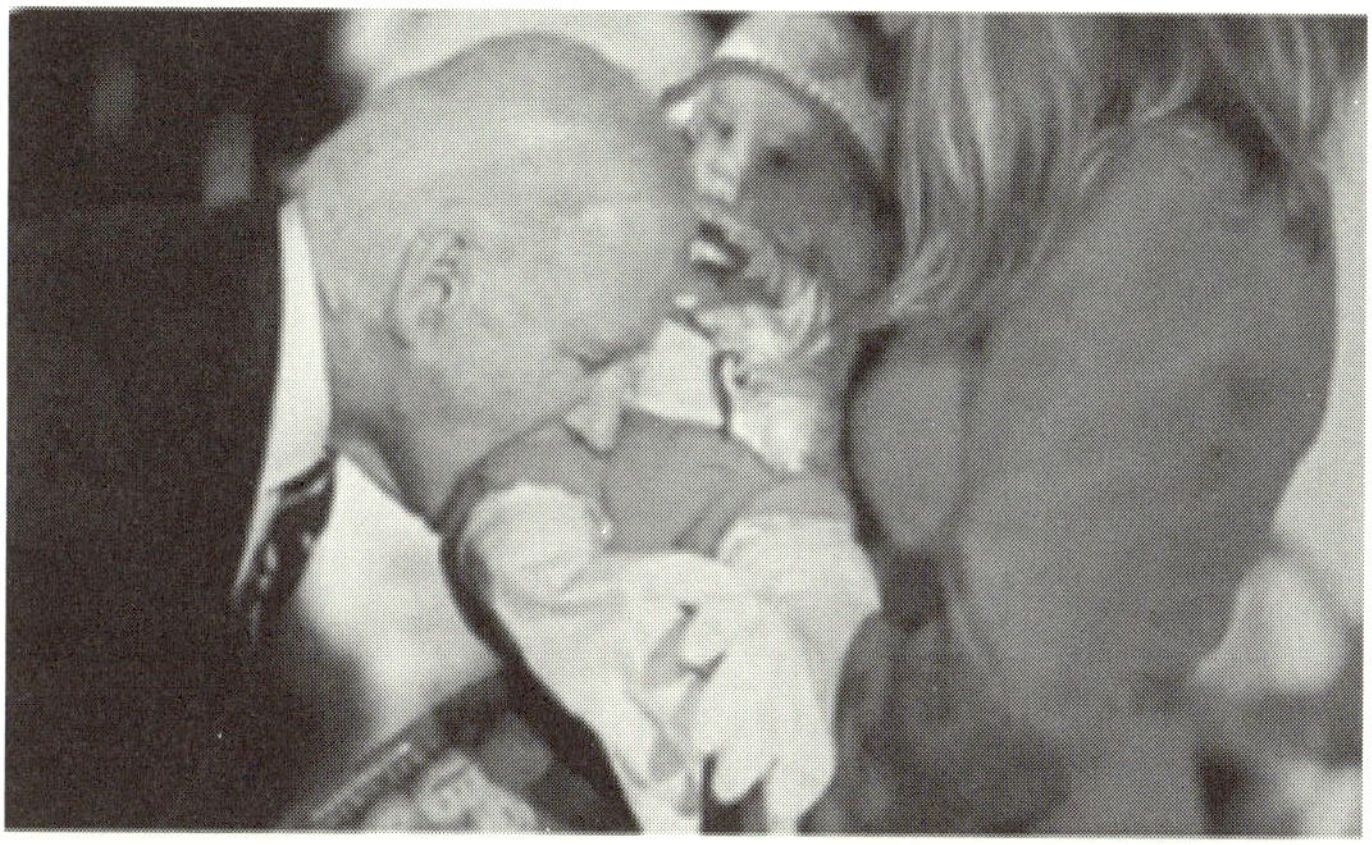

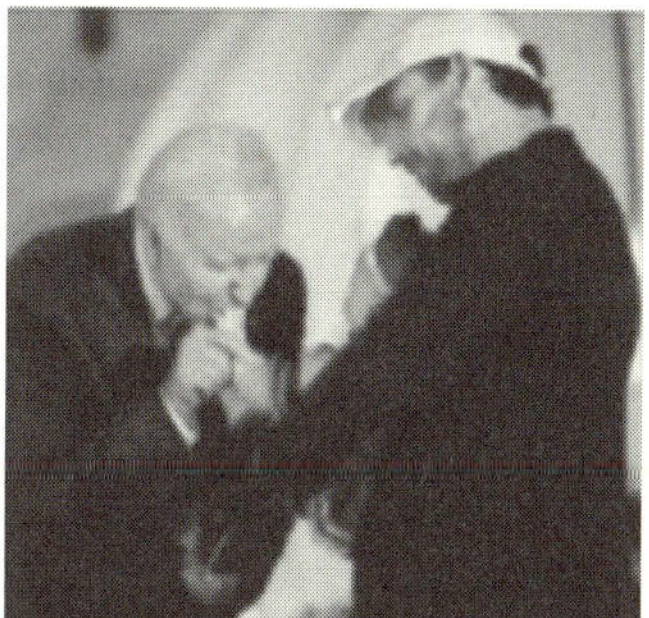

2024年10月30日、ホワイトハウスで行われたハロウィーン・パーティーで招待客の幼児の手や足を次々に噛む仕草をした偽バイデン

で、ホワイト・ハットに操られているに違いない！」と思う人が続出しました。

さらに、10月30日、Pディディのハニーポット・パーティの内部告発者が「ジョー・バイデンもオバマも子供とセックスしていて、使い物にならなくなった子供や幼児は殺されて臓器を搾取されている」と言ってる最中に、ホワイト・ハウスで行われたハロウィーン・パーティで、バイデンが招待客の幼児の手や足を噛む振りをしたことも、ソーシャルメディアで大きな話題になりました。これを見て、多くの人々が、自分が子供とセックスしていたという噂が広がっている最中に、幼児を噛むマネをするなんて、政治家としてあり得ない！、と思いました。そして、彼らは「バイデンは完全に認知症なのか、ホワイト・ハットが書いた脚本に従って偽バイデンが人々の目を覚まさせるためにわざとバカなことをしたのだろう！」と思ったのです。

◆トランプが発した〝選挙の不正の停止通告書〟

トランプ大統領はトゥルース・ソーシャルにたびたびQのインテル・ドロップと関連のある話題を投稿したり、Qのインテル・ドロップに出てくるイラストをリトゥルースして、Qがお遊びではなく、本物の大覚醒作戦のツールであることを示唆してます。

特にQ支持者を狂喜乱舞させたのは、9月29日にトランプ大統領が投稿した左記の文章でした。

「大天使聖ミカエルよ、戦いにおいて我々を護り、悪魔の邪悪と罠から我々を守り給え。神が彼を叱責されますように、我々は謙虚に祈る、ああ天軍の王子よ、神の力によって、サタンと、魂の破滅を求めて世を徘徊するすべての悪霊を地獄に投げ込み給え。アーメン」

これは、大天使聖ミカエルへの祈り、と呼ばれる祈りの言葉で、2017年11月5日、つまり2024年の選挙日のきっかり7年前のQのインテル・ドロップにまったく同じ祈りの言葉が取り上げられていたのです！

Q支持者たちは、トランプ大統領のこの投稿は、2024年の大統領選で、神がカバールとその手下どもを地獄に放り込んでくれることの象徴だ！、と解釈しました。

10月25日にミシガン州トラヴェース市で行われた集会では、トランプ大統領はいつものダーク・ブルーのスーツに赤いネクタイ、赤いMAGAハットという装いではなく、黒いコートに黄金のネクタイ、黄金の文字でMAGAと書かれた黒い帽子という姿で、プロレスラー、ジ・アンダーテイカー（葬儀屋）のテーマ・ミュージック（ショパンの葬送行進曲をモチーフにした曲）に乗って登場しました。

黒と黄金色はアメリカ陸軍の色なので、退役軍人たち、及び多くの保守派の人々、そして軍の動きをよく理解しているQ支持者たちが、「選挙戦が佳境に入ったことと、軍隊がトランプ大統領を支援していること、トランプ大統領の復帰がカバールの死を意味することを告げるシグナルだ！」と解釈しました。

選挙そのものに関しては、9月7日と10月25日に、選挙の不正の停止通告書を発し、不正を行おうとしているカバールの手下どもに、こう告げました。

「私は、多くの弁護士や法律学者とともに、2024年大統領選挙の正当性を注意深く監視している。なぜなら、私は2020年大統領選挙で民主党が蔓延させた不正を誰よりもよく知っているからだ。それは私たちの国の恥辱だった！　したがって、投票が始まったばかりの2024年の選挙は、専門家の厳重な監視下に置かれ、私が勝てば、不正をした人々は法律の最大限の範囲で起訴され、長期の懲役刑も免れない。このような正義の堕落が二度と起こらないようにするためだ。私たちの国がこれ以上第3世界国家になり下がることを許すことはできない！　この法的摘発の対象は、弁護士、政治工作員、寄付者、違法投票者、腐敗した選挙関係者にも及ぶ。不謹慎な行為に関与した者は、我が国ではかつて見たことのないレベルで捜索され、逮捕され、起訴されることになる」

Qは10回以上〝We have it all.〟「我々はすべて（の証拠）を保持している」と言っています。トランプ大統領とホワイト・ハットは、少なくとも2016年以降のすべての選挙でカバールが行った不正の証拠をすべてつかんでいるので、ブッシュ、クリントン、オバマを筆頭に、アメリカの選挙を大昔から陰で操っていたカバールの手下どもが長期懲役刑に処せられるのは時間の問題ですね。

◆真実を伝えたイーロン・マスクのXの功績

また、10月以降の集会で、トランプ大統領は不法入国者を送り返す話をする度に、「アメリカは占領下にありますが、すぐに占領された国ではなくなります。２０２４年11月5日は、アメリカの解放記念日になるのです！」と繰り返しました。

普通の人は、これを「大量の不法入国者に占領されたアメリカから不法入国者を追い出して、トランプ大統領がアメリカを解放してくれる」という意味だと思いました。しかし、Q支持者たちは、「賄賂やハニーポットによる脅迫などによってカバールの手下と化した政治家、判事、役人、官憲組織要人、報道関係者、学術界要人、セレブによって乗っ取られたアメリカから、トランプ大統領が悪者たちを一掃して、アメリカをカバールの魔の手から解放してくれる！」、と解釈しました。

トランプ大統領が折に触れて発信したシグナルをアメリカ全土に伝えた最大の功労者はなんといってもX（ツイッター）です。トランプ大統領のフォロワー数は、トゥルース・ソーシャルでは483万人にすぎませんが、Xでは8773万人です。そして、トランプ大統領を支援するコメントを頻繁に投稿しているイーロン・マスクのフォロワー数は2億210万人なので、トランプ大統領の意向はイーロンを通じて一気にアメリカ中に拡散されました。

余談ですが、イーロン・マスクに関しては、Q支持者の多くは長い間イーロンはカバールの一員だと思っていました。その最大の理由は、イーロンの会社は、テスラもスペースXもニューラルリンクもボーリング・カンパニー（巨大トンネル建設会社）もオープンAIも、政府から巨額の資金援助を得ているので、資金洗浄の道具である可能性が否めないからです。もう1つの理由は、ファースト・ネイムのイーロンが、ヴェルナー・フォン・ブラウン（アメリカにリクルートされてNASAのマーシャル宇宙飛行センター所長になった元ナチスのロケット科学者でカバールの科学担当者のような存在）が書いた小説『プロジェクト・マーズ：ア・テクニカル・ストーリー』に登場する火星の支配者の称号がイーロンなので、いかにもカバールの申し子としか思えない怪しい存在に見えるからです。

しかし、イーロンがツイッターを買収して以来、真実が世界中に伝わるようになり、イーロン自身がトランプ大統領支持を表明して、トランプ大統領のために積極的に応援演説をし始めたことで、今ではQ支持者たちは、イーロンは大昔からホワイト・ハットの一員だったか、最初はカバールの手下だったがある時点でホワイト・ハットに寝返ったのだろう、と思っていま

Q支持者の多くは長い間、イーロン・マスクはカバールの一員だと思っていた。しかし、彼がツィッターを買収して以来、真実が世界に伝わるようになり、さらに彼自身、トランプ支持を表明して、今ではホワイト・ハットの一員だろうと思っている

2024年10月16日、ペンシルヴァニア州バトラーでのトランプ選挙集会（rally）に駆けつけたイーロン・マスク

2024年11月 6 日、勝利後のトランプファミリーの記念撮影に一緒に写るイーロン・マスク（右端）

す。

トランプ大統領が送り続けたシグナルは、ごく普通の人々が気づくことはなかったものの、Q支持者と退役軍人にはしっかりと伝わりました。そして、このシグナルを解読できた人々が、アメリカに正義を戻すために銃を手に立ち上がりたい！　と、手ぐすね引いて待っている血気盛んな愛国者たちに、「バイデン政権は、カバールの政策がいかに極悪非道のものかを大衆に見せしめるための偽政権で、トランプ大統領が戻ってくるまで、決して銃を持って反抗したりするな！」と、なだめ続けました。

その甲斐あって、アメリカは本物の内戦に至ることなく、心配の種となるのはフェイク愛国者の偽旗工作によるフェイク暴動だけで済んだのです。

第4章

目に余る不法移民の悪事

◆中道派の人々が不法入国者受け入れに以前より強く反対した

カバール関連の前作でさんざん書き続けてきたことですが、オバマ政権下、バイデン政権下の不法入国者大量受け入れは、もうジョークとしか思えないほどあり得ない状態になっています。

不法入国者の安い労働力は賃金低下につながり、彼らの世話をするために巨額の予算が必要となるので、低額所得者とブルーカラーの人々は、大昔から不法入国者受け入れに反対していました。また、正式な手続きを経てアメリカに渡ってきた合法移民（ヒスパニックも含む）も、抜け駆けしてアメリカに来る不法入国者に対して同情的な態度をとることはありませんでした。

2022年以降、テキサス州知事のグレッグ・アボットが約10万2000人の不法入国者を、ニューヨーク、ロサンジェルス、ワシントンDC、フィラデルフィアなどのサンクチュアリー・シティ（不法入国者を守る都市）に送り込んだことで、これらの都市で犯罪が急増し、リベラルな住民も不法移民の被害を肌で感じるようになりました。

2024年には、不法移民受け入れに文句を言わなかった中道派の人々をいらだたせ、怒らせる出来事が続発して、中道派も急速に不法入国者大量受け入れに反対するようになりました。

不法入国者激増の恐ろしさを伝えた事件、出来事をいくつかご紹介しましょう。

●エル・サルバドルからの不法入国者が5人の子供を持つ母親をレイプして殺した。
●ボストンでハイチからの不法入国者が障害者のティーンエイジャーをレイプした。
●テキサスで12歳の少女をレイプして殺害したヴェネズエラからの不法入国者は、マドゥーロ政権の高官の息子だと判明した。
●34歳のヒスパニックの不法入国者が、ミシシッピーで10歳の少年をレイプした。
●シカゴに3万5000人の不法入国者がなだれ込み、ホームレス激増。
●バイデン政権の国土安全保障省は、キューバ、ハイチ、ニカラグア、ヴェネズエラから約3万人の不法入国希望者を空輸して、現地から直接アメリカ本土に送り込み、架空（偽）の受け入れ希望者に渡していた。
●ヴェネズエラのギャング組織、トゥレン・デ・アラグアは、デンヴァーに不法滞在しているメンバーたちに「警官に発砲しろ」と指示していた。
●コロラド州オーロラで、ヴェネズエラのギャングが住民を襲った。
●イスラム国が後押しする組織が少なくとも400人の不法入国者をアメリカに送り込んでいた。

●シアトル警察は不法入国者を警官としてリクルートしている。

●ミネアポリスでは、一応合法的に入国してきたソマリア人が警官になって、アメリカ市民を取り締まっている。

●オバマが勝手に作ったＤＡＣＡ（幼年期到着者の国外追放延期措置）の恩恵にあずかってアメリカ滞在を許された不法入国者の中の６万８０００人は、子供のレイプ、ひき逃げ、強盗などの罪を犯した犯罪者。

●バイデン政権の保健福祉省が親族を伴わずに不法入国した子供たちをＭＳ13（麻薬密売・人身売買で知られるヒスパニックの巨大ギャング組織）と関係のある家に預けている。また、バイデン政権は、２０２１年以降アメリカに不法入国した約50万人の子供の追跡調査を怠り、ほとんどの子供たちの現在の居所をつかんでいない。これは、バイデン政権が何十億ドルもの予算を投じて、人身売買を斡旋《あっせん》しているようなものだ。

●不法入国者激増のせいで犯罪が増えた、と市民が肌で感じているにもかかわらず、大手メディアが「犯罪件数は増えていない」と報道しているのは、警察が犯罪者を逮捕してもリベラルな判事によってすぐに釈放されてしまうので、被害者が犯罪を報告しなくなっただけのことだった。

●中国のサイバー警察がアメリカへの不法入国斡旋作業をしている。

●テキサス国境で逮捕された2人の若い中国人男性は25万ドル相当の純金を隠し持っていた。
●移民が激増するイングランドでムスリム移民が暴動を起こした後、政府が移民受け入れ反対派の一般市民を取り締まった現状を見て、アメリカ人のほぼ半数が「明日は我が身！」と、恐れた。
●カリフォルニア州議会は、頭金ゼロ、利子なしで不法滞在者に家を買うことを許可する法案を通過させた（後に、州予算不足のため、ニューサム知事が拒否権を発動して、この法案は没になった）。
●この1年で82万5000人のアメリカ生まれのアメリカ人が失業し、120万人の外国生まれの人間が職を得た。
●バイデン＝ハリス政権は3億4700万ドルを輸送会社に与え、肉親を同伴しない子供の不法入国者をアメリカ各地に運んでいた。

通常ではあり得ないこれらの事件や出来事は、文字通り氷山の一角です。連日連夜、こうした不法入国者による被害がフォックス・ニュース、ニュースマックス、ニューヨーク・ポスト、ブライトバート、ゲイトウェイ・パンディット、及びソーシャルメディアで報道され、2024年10月の段階では中道派の人々はほぼ完全に不法入国者受け入れに強く反対するようになっていました。

◆540万人の不法入国者、内 犯罪者43万人、内 殺人犯1万3000人

一方、郊外の一戸建ての家に住む中流階級の人々にとって、特に重要なのは自分たち、とりわけ子供たちの安全です。彼らのほとんどは超リベラルな思想に洗脳されています。経済的にはかなりのゆとりがあるので、労働者階級の人々にとっては耐えられないインフレになっても、なんとか持ちこたえることができるため、大恐慌時代をしのぐ不況にならない限り、彼らは「何かヘンだ！」と気づくことはありません。

彼らは、9・11がイスラム教過激派のテロリストの仕業だった、と、いまだに信じているものの、イスラム教差別も人種差別も絶対に許せない！、という立場から、不法移民を大歓迎しているおめでたい人々です。

しかし、彼らは激しい偽善者で、ひとたび自分たちの身の安全が脅かされる、と知ったとたんに、机上の空論を投げ捨てて、不法移民流入反対派に豹変しました。

そのきっかけとなったのは、2024年8月に、下院が提出した不法移民の実態に関する報告書でした。

以下、最も多く引用された部分です。（　）内は私の解説です。

ジョー・バイデン大統領と国境関連事項責任者のカマラ・ハリス副大統領の国境開放政策は、アメリカ人に危害を加えようとするテロ組織やその他の悪者を含む、何百万人もの不法入国者の入国を許してきた。バイデン＝ハリス政権は、3年半の間に540万人以上の不法入国者を合衆国に入国させた。さらに少なくとも190万人の「逃亡者」が国境警備網を潜り抜けて、アメリカに入国しているので、不法滞在者の合計は730万人以上だ。

国境警備隊が逮捕した不法入国者の中には、アメリカ政府のテロリスト監視リストに登録されている375人のテロリストも含まれている。

彼らは、アフガニスタン、イラク、レバノン、キルギスタン、モーリタニア、パキスタン、ソマリア、シリア、タジキスタン、トルコ、ウズベキスタン、イエメンなど、テロリストが活発に活動している国を含む36か国からの不法入国者だった。

この数（不法入国で逮捕されたテロリストの数）は、トランプ政権の4年間の30倍以上である。

これは、国家安全保障を脅かす大問題で、レイFBI長官は、「国境警備、入国管理システムの脆弱性を悪用して、テロリストがアメリカ国内で攻撃をする可能性がある」と、懸念を表明している。

国土安全保障省（DHS）が2023年に発表した国土安全保障脅威評価報告書にも、次のように記されている。

「テロリズムと関係がある個人（＝テロリスト）は、確立されたトラベル・ルート（リベラル派NGOが入国しやすいルートを不法移民に教えている）や許可された環境（バイデン政権が亡命許可の審査基準をゼロに近いほど下げた）を利用して、アメリカ入国を達成しようとしている。

これは、大手メディアではほとんど報道されませんでしたが、保守派インフルエンサーたちがソーシャルメディアに報告書の抜粋を載せ、イーロン・マスクもXでこの報告書の存在を知らせたので、ごく普通の人々も不法移民流入の恐ろしい実態を理解できるようになりました。

2015年以来一貫して、「殺人犯、強姦犯などの犯罪者が不法入国している！」と、警告を発していたトランプ大統領は、大手メディアに嘘つき呼ばわりされていましたが、2024年9月に、ICE移民税関捜査局が発表した公式な報告書で、トランプ大統領の言葉が真実だったことが明らかになりました。

ＩＣＥの報告書には、「1万３０９９人の殺人犯、1万５８１１人の強姦犯や性犯罪者を含む42万５４３１人の犯罪者がアメリカに不法入国しているが、バイデン政権は何の対策も採っていない」と記されていました。

この記録も、大手メディアからは無視されましたが、ニューヨーク・ポスト紙や、ここ数年中道派に戻ったニューズウィークなどで大々的に報道された他、ソーシャルメディアでも拡散されました。

トランプ大統領も、９月27日に不法入国した犯罪者の数字を添えて、トゥルース・ソーシャルにこう投稿しました。

今、明らかになった。カマラ・ハリスのオープン・ボーダーによって、1万３０００人もの有罪判決を受けた殺人犯が入国した！　私は、ハリス＝バイデン政権が誕生した当初から、彼らが国境を開放したと知るや否や、このことを言い続けてきた。私たちの国にこんなことが起こるのを許した者は、アメリカ大統領にはふさわしくない！　４年間も国境に行かなかった彼女が、今日国境に現れたとは、タイミングが悪かった。彼女はなぜもっと早くこの数字を発表しなかったのか？

トランプ大統領のこのコメントは、他のプラットフォームでも拡散されて、多くの人々が不法移民の恐ろしい実態に、やっと気づき、自分と家族の身の安全を最重視している郊外に住む中流家庭の人々も、不法入国者大量受け入れに反対するようになりました。

この後、ＣＩＡの関係者が不法入国した子供たちをアメリカ国内のさまざまな人身売買組織に連れて行っていることも判明し、不法入国者優遇政策の陰でＣＩＡがらみの人身売買が横行していることも明らかになりました。

◆オバマ時代の悪事が暴露された

この後、保守派のインフルエンサーたちが、実はオバマ時代から犯罪者が不法入国していたことを示す移民問題研究センター（合法移民推奨組織）の報告書の存在を知らせました。

２０１３年に発表されたこの報告書には、こう記されていました。

移民問題研究センターが入手した文書によると、２０１３年、ＩＣＥは有罪判決を受けて強制送還されることになっている外国人犯罪者３万６００７人を解放した。この中には、殺人、性的暴行、誘拐、加重暴行を含む数百の暴力犯罪や重大犯罪で有罪判決を受けた外国人が含まれている。この犯罪リストには、1万6000件以上の酒気帯び運転や薬物運転の前科がある者も含まれている。ICEが解放を強いられた理由は、判事の裁量によるものであり、法律で義務付けられているわけではなく（明らかな違憲行為であるケースもある）、不法入国者に聖域を与えている地域の聖域政策の結果でもない。

3万6007人の有罪判決を受けた外国人は、多くの場合、以下の犯罪を含む複数の有罪判決を受けていた。

殺人罪（銃による公務員の故意の殺害1件を含む）　193件
性的暴行　426件
誘拐罪　303件
加重暴行罪　1075件
盗難車による有罪判決　1160件
危険ドラッグによる有罪判決　9187件
酒気帯び運転または酒酔い運転　1万6070件
逃走罪　303件

不法入国者受け入れを優先するオバマ政権の方針に従い、判事や検事はICE捜査官や警察官へ取り締まり緩和の指示を与え、「幼年期到着者の国外追放延期措置（DACA）」

プログラムの実施により、不法滞在者の多くが強制執行の対象外となった。これらの政策により、現場のＩＣＥ職員は、犯罪で起訴され、有罪判決を受けた外国人を強制送還できなくなった。

この報告書は、保守派の間では知られていましたが、当時はツイッターがオバマに都合の悪いツイートはすべてもみ消し、保守派の意見が言えるソーシャルメディアが発達していなかったため、中道派や左派の目に触れることはありませんでした。

そのため、アメリカ人のマジョリティは２０２４年９月になって、初めて、オバマ時代から犯罪者も受け入れるあり得ない不法入国者大歓迎政策が横行していた事実を知って、唖然としました。そして、少なくとも極左以外の人々が、「トランプ大統領は大昔から真実を言って、警告を発していた。彼を嘘つき呼ばわりした大手メディアは、トランプ大統領の言葉通り、まさしくフェイクニューズだ！」と、実感しました。

それと同時に、オバマ時代に、テレビ・ドラマや朝昼のトークショーで、「ＩＣＥに強制送還されそうな罪なき不法入国者の親子」を取り上げたお涙ちょうだいストーリーが、頻繁にフィーチャーされていたことを思いだし、政治家も判事も検事もメディアも一丸となって犯罪者を入国させて、アメリカを内側から破壊しようとしていたのだ！、と、カバールの壮大な悪巧みにやっと気づき始めました。

さらに、レッド・ステイツのアラバマ州でも、分かっているだけでも数千人の不法入国者が有権者登録をしていたことや、バイデン政権が選挙前に国籍取得手続きを猛スピードで推進していることも発覚しました。これを受けて、イーロン・マスクも、「彼らは有権者を輸入してる！　明らかに！」と、Xに書き込んだので、よほどのバカ以外が、「カバールは不法入国者に投票させて、アメリカを合法的に乗っ取ろうとしている！」と気づき、トランプ支持者たちは、「選挙干渉で、カバールを一網打尽にできるぞ！」と、ほくそ笑みました。

◆不法入国者のために使う金はあっても、アメリカ国民のための金はない

2024年10月には、不法入国者激増の被害を肌で感じることがなく、政治に無関心だった人々を目覚めさせる3つの話題が立て続けにソーシャルメディアを賑わしました。

まず、10月1日、CBSが行った副大統領候補のディベートで、ヴァンス副大統領候補が、バイデン＝ハリス政権が作ったCBP・ワン・アプリの真相を伝えるや否や、CBSがヴァンスのマイクを切りました。

このアプリは、不法滞在者がヴィザも入国審査も身分証明書もなしに、偽の写真や偽名でも

簡単に合法移民のステイタスを入手するためのアプリです。ディベートでヴァンスのマイクが切られたことが話題になったおかげで、このアプリも大きな話題になり、良識を備えた人々が、「そりゃ、やりすぎじゃないのか？」と思いました。

10月2日には、ハリケーン・ヘリーンの被災者への対応があまりにも鈍かったバイデン＝ハリス政権が、「FEMA米連邦緊急事態管理局の予算が足りない」と言い訳したあと、ニューヨーク・ポスト紙が「FEMAは不法入国者に14億ドルも使った！」と伝えました。その後、保守派インフルエンサーたちが、次々におぞましい事実をソーシャルメディアで伝えました。特に、注目を浴びたのは、世論調査でおなじみのラスムッセン社が提示した左記の6つの見出しでした。

●FEMA：国土安全保障省、移民を受け入れる地域にさらに3億8000万ドル提供
●FEMA：国土安全保障省、移民受け入れ地域に7700万ドル配布
●FEMA：移民のためのシェルター、緊急食料提供プログラムに1億1000万ドルの援助金支給
●ポリティコ：FEMA、ニューヨーク市に1億4600万ドルの亡命希望者対策費を支給
●エル・サルバドルの合衆国大使館：国土安全保障省、1200万ドル以上の予算を移民のた

めに配布

●ＦＥＭＡ：国土安全保障省、移民受け入れ地域に３億ドル直接支給、さらに移民対策の新プログラムに３億４０００万ドル供与

そして、これに追い打ちをかけるように、ハリケーンの被災地を訪れたカマラ・ハリスが「ＦＥＭＡは被災者に１人あたり７５０ドルの補助金を支給します」と、偉そうに言っている映像がソーシャルメディアを席巻しました。不法入国者には湯水のように補助金を与えるくせに、洪水や土砂崩れで家も車もすべてを失った人々には７５０ドルしかくれないなんて、ありえません！　この目に余るコントラストに、ごく普通の神経を持つ人々があきれかえりました。

10月3日には、不法入国者の追跡調査をせず、アメリカ国内に野放しにされた不法入国者たちが身分証明書なしに飛行機に乗ることを許していることが発覚しました。

これを受けて、保守派インフルエンサーたちが、バイデン＝ハリス政権が、リアルＩＤ（預金額や医療記録などのあらゆる個人情報を搭載したデジタル身分証明書）の導入を進め、貯金の引き落としも飛行機搭乗もリアルＩＤなしには不可能な社会を、２０２５年5月までに作ろうとしていることを教えました（リアルＩＤはオバマがごり押ししようとしましたが、議会を通過せず、トランプ大統領はリアルＩＤ導入を阻止しました）。

この事実を初めて知った人々が、「不法滞在者が身分証明書なしで飛行機に乗れるのに、アメリカ人がリアルIDなしでは飛行機に乗れないなんて、不条理すぎる！」と、怒りました。

◆「ペットを食べてる」発言でアニマル・ライツの極左が目覚めた

最後の最後まで不法入国者大量受け入れを弁護していた極左エリートたちを揺り起こしたのは、9月10日のカマラ・ハリスとのディベートで、トランプ大統領が発したこの一言でした。「（オハイオ州の）スプリングフィールド市では、彼ら（不法入国者たち）が犬を食べてるんですよ。彼らはネコも食べてる。住民が飼っているペットを食べてるんです」

この後、大手メディアが一斉に、「それは嘘だ！」と〝事実検証〟をしましたが、それをかき消す勢いでトランプ支持者の人々がソーシャルメディアで、「ハイチからの不法入国者たちがペットのネコや野生のアヒルを殺して食べている」というスプリングフィールド市の住民の生の声を伝えました。

同時に、保守派インフルエンサーたちが、「2023年3月にはホンデュラスからの不法入国者がハゲタカを殺して食べて逮捕された」、「2023年6月ミャンマーからの難民がニューヨークの住民に愛されていた白鳥を惨殺した」などの事実を拡散しました。

次の日の早朝には、トランプ大統領がネコやアヒルを助けているイラストや、MAGAハットをかぶって銃を持ったかわいいネコのイラストがあらゆるソーシャルメディアを席巻し、こうしたイラストをプリントしたTシャツやマグカップが保守派のオンラインショップのみならず、アマゾンでも売られるようになりました。

そのおかげで、「ハイチなどからの不法入国者たちがペットや野生動物を殺して食べている！」という事実に気づく人が激増すると共に、大手メディアが行う事実検証は、カバールにとって不都合な真実の隠蔽工作にすぎない、と気づく人も続出しました。

この事実を知って最も大きな衝撃を受けたのは、リベラル派の最後の砦とも言えるリベラルなエリートの人々、ニューヨーク、ボストン、ロサンジェルスなどに住んでいる裕福な女性たち、アニマル・ライツ支持派の極左の若者たちでした。

このカテゴリーに属する人々は、口では「人道的立場から不法入国者を全員受け入れるべき！」と、きれい事を言っていますが、実際は人間が嫌いなのです。だから、臨月の妊婦が中絶をすることにもまったく疑問を抱かず、赤ん坊の形をした胎児やホームレスの退役軍人を見ても、まったく同情心を抱きません。

しかし、彼ら／彼女たちは、迷子のネコや野良犬や、傷ついた動物（鳥やイルカ、鯨、鹿、熊、馬など）を放ってはおけず、「ハンターたちが熊に襲われて死にますように！」と、心の

イツ（動物権擁護）の極左が目覚めた！

「ペットを食べてる」発言でアニマル・ラ

中で密かに祈っています（なぜそんなことを断言できるのか?、って、それは私自身が2008年までそういう人間だったからです）。

オリヴァー・ストーン監督の名作、『ウォール街』（1987年）で、ゴードン・ゲッコー（マイケル・ダグラス）が、「WASPに関して覚えておかなきゃいけないことは、奴らは動物が大好きで、人間が大嫌いだ、ってことだ」と言っていますが、これぞ上流階級の人間のおぞましき真実を伝える名言です。

エリート、裕福な女性、極左の若者たちの多くは、不法入国者が、ペットや野生動物を殺して食べることに激しい嫌悪感を抱き、アメリカとは生活水準が異なり文化も違う国々からの人々が大量に押し寄せると、動物に危害が加わることを恐れて、一気に不法入国者受け入れ反対派へと鞍替えしました。

これと前後して、7月にスプリングフィールド市長（民主党）がオハイオ選出のブラウン民主党上院議員に出した手紙に、「人口6万以下のこの街に、この4年で2万人近いハイチ人が移住し、住宅問題が悪化しているので援助を要請します」と書かれていたことも分かりました。

オハイオ州は、アメリカで最も大切な激戦州で、1884年以来の40回の大統領選のうち35回はオハイオ州で勝った候補が大統領になっています。ですから、オハイオ州で起きたこの事件は、アメリカ全土に大きなインパクトを与えました。

また、Q支持者たちは、ディベートが行われた9月10日のきっかり6年前の2018年9月10日に発信されたインテル・ドロップ2146に、「ミームを準備しろ」と書いてあったことを思い出して、「トランプ大統領は動物好きの左派を目覚めさせるために、意図的に不法入国者がペットを食べている、と言ったのだ!」と確信しました。

さらに、未来を予知したようなストーリー・ラインが多いことで知られるアニメ『シンプソンズ』の舞台である架空の街の名前がスプリングフィールドだったこともあり、「ハイチ人がネコや犬を食べることを知っていたホワイト・ハットが、大衆を目覚めさせるためにわざと大量のハイチ人をスプリングフィールドに送り込んだのだろう」と思う人も増えました。

これがホワイト・ハットの仕込みだったのかどうかは分かりませんが、ペットを食べるハイチ人にトランプ大統領がスポットライトを当てたおかげで、アニマル・ライツを最重視するシングル・イシュー・ヴォウター(1つの課題だけを重視して誰に投票するかを決める有権者たち)が不法入国者受け入れ反対派に鞍替えしたのは事実です。

おかげで、2020年には「受け入れる移民の数を減らすべきだ」と思っていた人が28%しかいなかったのに、2024年には55%に激増し、移民数増加賛成派は34%から、わずか16%へと減少しました。

トランプ大統領はミーム(ネットで拡散するネタ)を繰り出すことによって、動物好きのリベラル派に不法入国者による被害をヴィジュアルに教えてくれたのです。毎度のことながら、お見事な目覚まし工作です。

◆ハイチの子供たちは人身売買の犠牲者

また、このすぐ後の9月16日に、ヒップホップ・スターのPディディが、性売買、強制労働、売春目的の州間輸送、薬物犯罪、誘拐、放火、贈収賄、司法妨害などの容疑で逮捕され、ディディがハイチ地震の後に積極的にオバマやクリントン、ブッシュと共に被災者救援と救済金募金を呼びかけていたことが話題になり、Q支持者たちが、左記のインテル・ドロップを拡散しました。

インテル・ドロップ89

FBI／米軍情報組織は現在、クリントン財団に関する調査を続行中。
なぜコミーはこれを取り下げなかったのか?
ハイチ危機の時のFBI長官は?　何人の子供が消えたのか?
ハイチ救済と偽ってクリントン財団に送られ、実際にハイチに渡った金額は?

インテル・ドロップ1880

ハイチの子どもの人身売買の犠牲者たちは、自分たちの3、4、5、6倍の年齢の男たち（多くは外国人）の肉欲を満たすために奉仕している。彼らの客の多くは、自然災害の後、ハイチの再建を支援するためにやってきた欧米の人道支援活動家だ。

インテル・ドロップ1881

「子供救済チームを率いているのは、元国土安全保障省特別捜査官で、おそらくアメリカ随一の人身売買の専門家であるティム・バラードだ。〝ハイチの問題は国際的な危機なのです〟、とバラードは説明する。〝最近の地震とハリケーンで、多くの子どもたちが家を失い、孤児になっています。最悪なのは、多くの場合、人身売買の顧客が救済のためにハイチに来たとされる、NGO職員やいわゆる人道主義者と呼ばれる人間であることです〟

まぎれもない邪悪。

「「「「ハンターたち」」」」は狩られる側になる。

知れば知るほど！！！！

クリントン財団のカネの行方はいまだに不透明ですが、カバールがハイチ救済を口実に資金洗浄をしていたことは、もう誰も疑っていません。ディディのおかげでハイチのスキャンダルが蒸し返されたことで、ハイチからの〝難民〟や不法入国者をカバールが受け入れたがるのは、チャイルド・セックスや臓器取得のためだろう、と、真相に気づく人が一気に増えました（ハイチでクリントン一味が人身売買していたことは、以前に出したカバール関連本にイヤというほど書いたので、是非お読みになってください）。

さらに、Q支持者たちの投稿が浸透した10月1日、ワルツ民主党副大統領候補が銃所持派にこびるために、「私はハンターで、副大統領もそうです」と見え透いた嘘をつきました。この後、保守派、リベラル派の両派のニュース・サイトやソーシャルメディアで、「カマラ・ハリスがハンターだって？」と、オドロキのコメントが続出しました。この状況を見守っていたQ支持者たちは、「これは、まさにハンターたちが狩りの獲物として追われる立場に逆転することの前兆だ！」と、ほくそ笑んでいました。

10月中旬には、バイデン＝ハリス政権下のセックス用の子供の人身売買件数が、トランプ時代の3倍に跳ね上がっていることがわかり、この後、トランプ選挙本部が「セックスのための子供の人身売買を行う犯罪組織が激増し、ピザを注文するのと同じぐらい簡単にセックス用の子供を注文できる」と、Xに投稿しました。この2週間前に、ヒラリーがソーシャルメディアで偽情報が拡散されていることを嘆き、「ピザゲイトのような、私が子供の人身売買をしている、という偽情報が流れることを禁じなければなりません」と言っていました。このおかげで、それほど政治に興味がない人も、いやでもピザゲイトの話を思い出しました。そして、解放された国境で親を伴わない子供の不法入国者を片っ端からバスに乗せてポン引きが待つ場所に輸送する、これぞセックス用の子供を調達する最善の方法だ！、と悟りました。

これと平行して、ニューヨーク市長のエリック・アダムズがPディディにニューヨーク市のカギを贈呈していたことや、Pディディが10歳の少年をレイプしていた容疑も発覚しました。

トランプ大統領は演説のたびに、「バイデン、カマラの国境開放策で不法入国した子供たちのうち32万5000人が行方不明だ。彼らはすでに死んだか、セックス奴隷になっしまったのだろう」と言っています。マイケル・フリン中将も、「子供とセックスをしている現場をつかまれて、グローバリスト（カバールの手下たち）に脅迫されている下院議員や上院議員がいる」と断言しています。

かなり目覚めた人々は、こうした情報を俯瞰して、「セレブ、要人、政治家を脅迫するためにセックス用の子供が必要なので、カバールの手下たち＝FBIやCIAやすでに脅迫されている政治家たちが不法入国者の子供の受け入れを要請している」という全体像をつかむことができました。

◆「トランプが当選しなければ、これが最後の選挙になる」

最後に、あらゆるメディアで引用されまくって、大覚醒の起爆剤となったイーロン・マスクのコメントをご紹介しておきましょう。バイデン＝ハリス政権が900万人の合法入国者、及び不法入国者に市民権を与えようとしていることを批判して、イーロン・マスクは9月29日にXにこう投稿しました。

トランプが当選しなければ、これが最後の選挙になることを、ほとんどのアメリカ人は理解していない。トランプは民主主義を脅かすどころか、民主主義を救う唯一の方法なのだ！

説明しよう。民主党は可能な限り早く市民権を取得させようとしているが、仮に年間不法入国者の20人に1人が市民権を獲得するとすると、4年間で約200万人が新たに合法的な有権者となる。

激戦州の票差は、たいてい2万票以下だ。つまり、〝民主党〟が成功すれば、激戦州はなくなるということだ！

さらに、バイデン＝ハリス政権は、すぐに市民権を取得できる〝亡命希望者〟を、ペンシルヴァニア、オハイオ、ウィスコンシン、アリゾナなどの激戦州に直接送り込んでいる。これはすべての選挙で勝つための確実な方法だ。

アメリカは一党のみの国家となり、民主主義は終わる。〝選挙〟は民主党の予備選挙だけとなる。これは何年も前に、１９８６年にカリフォルニア州が不法入国者に恩赦を与えた後、カリフォルニア州ですでに起こったことだ。

カリフォルニアが極端な社会主義や窒息しそうな政府の政策にまだ陥っていない唯一の理由は、人々がカリフォルニアを離れてもアメリカに残れるからだ。国全体がひとつの政党に支配されれば、逃げ場はなくなる。

アメリカのあらゆる場所が、サンフランシスコのダウンタウンの悪夢のようになるだろう。

トランプ大統領、イーロン・マスク、保守派インフルエンサー、Q支持者たちが地道に真実を伝え続けた甲斐あって、アメリカ人の大半が不法入国者激増の真相を見抜き、彼らはこぞって不法入国者送り返しを公約に掲げたトランプ大統領に投票しました。

第5章
ハリケーン・ヘリーン

◆気象兵器は存在する

9月24日に発生したハリケーン・ヘリーンは、普通はハリケーンの通り道ではないノース・カロライナ州の山沿いの地域を襲いました。集中豪雨による被害は、旧約聖書に出てくるノアの箱舟の大洪水を連想させるほどだったので、ごく普通の人々がハリケーンの威力に素直に驚きました。

このすぐ後に発生したハリケーン・ミルトンは、フロリダに大きな被害をもたらしました。ミルトンに直撃されたタンパのキャプラン市長が、「避難しなさい！　居残ると死にます！」と、警告を与えたことも手伝って、アメリカ中がミルトンに注目したおかげで、ミルトンの動き方が通常のハリケーンとはまったく異なることにも焦点が当たりました。

さらに、被害に遭った地域のほとんどがトランプ支持者が圧倒的多数を占める選挙区だったので、マージョリー・テイラー・グリーン下院議員が、「彼らは天気をコントロールできる！」とツイートしたことで、気象兵器の存在に一気に注目が集まりました。

大手メディアは彼女のコメントを陰謀説として非難しましたが、ソーシャルメディアでポパイ作戦（ベトナム戦争時代に米軍が気象兵器を使って人工雨を降らせた作戦）や、「レイザーで雨

「気象兵器は存在する。彼らは天気をコントロールできる！」と訴えるマージョリー・テイラー・グリーン下院議員

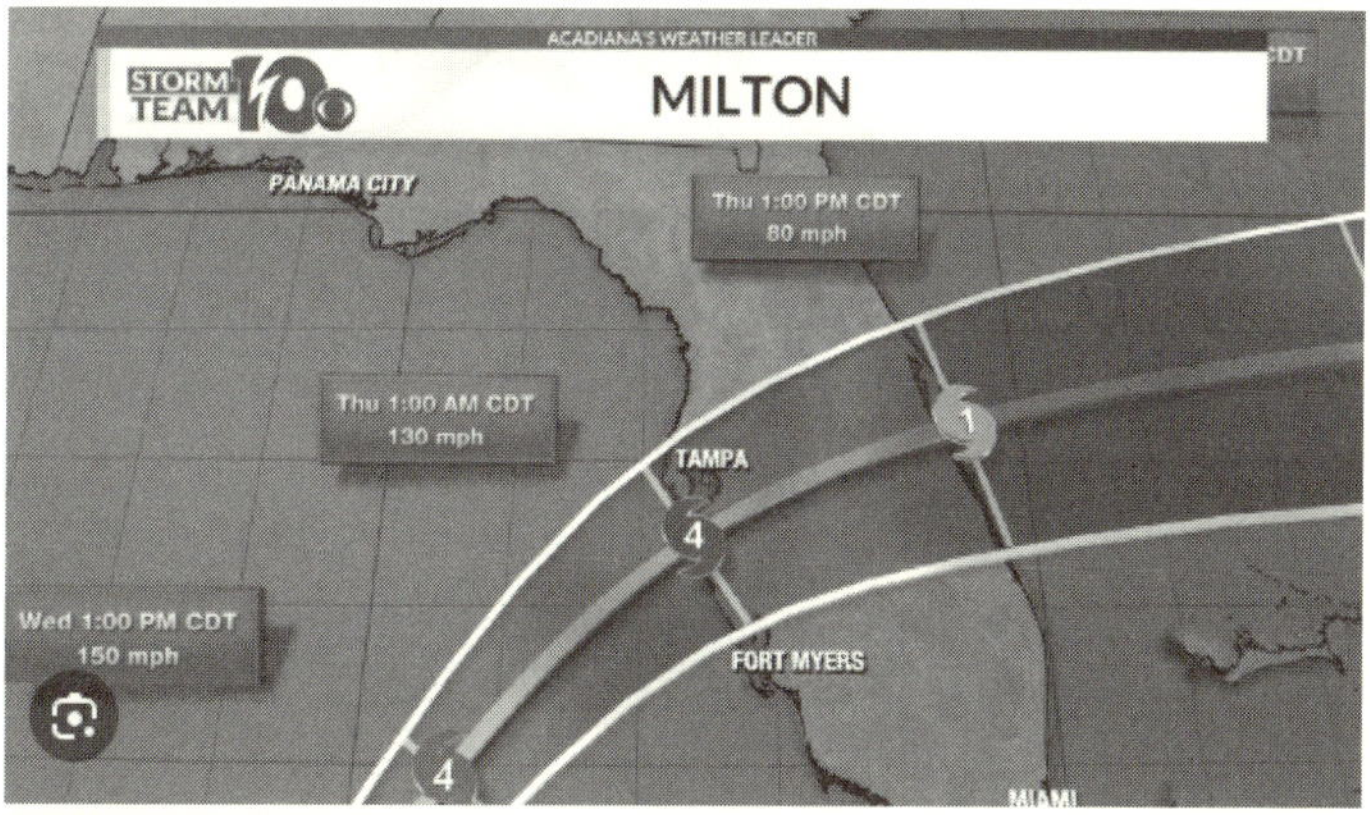

死者240人を出した９月のハリケーン・ヘリーンに続き、10月のフロリダに上陸したハリケーン・ミルトンも300万世帯以上が停電するなど大きな被害を出した。タンパのキャプラン市長が「避難しなさい！居残ると死にます！」と警告し、マージョリー・テイラー・グリーン下院議員が「これは気象兵器である」とツィートして注目された。

や稲妻を発生させることができる」、という2013年のミチオ・カク博士のコメント、「空に化学物質を振りまいて太陽光線を遮断できる」という2016年のブレナンCIA長官のコメント、「ケムトレイル（空に化学物質を散布して太陽光線を遮断する作業）という犯罪を阻止する！」というロバート・ケネディJrのコメントが拡散されました。

また、FEMAの対応が遅く、やっと動き出した後も有色人種やLGBTQ優遇政策を採ろうとしていること、一般人の救援活動を阻止していることが発覚して、ごく普通のアメリカ人があきれ果てました。しかも、バイデン＝ハリス政権が、ノース・カロライナの被害者には750ドルのローンしか与えないくせに、ウクライナに4億2500万ドルの防衛援助金、ガザに2億3000万ドルの援助金を与え、政府のカネでハイチから50万人の不法移住者を飛行機でアメリカに飛ばしていたことが話題になって、極左以外の人々が怒りを覚えました。

このとき、満を持して保守派の人々があらゆる媒体で、「英語で一番恐ろしい9つの単語は、I'm from the government and I'm here to help.（私は政府の人間で、あなたを助けに来ました）です」というレーガン大統領の名言を拡散しました。

これで、政府の役割は小さいほうがいい、と気づく人が急増しました。

◆「嵐の前の静けさ」

しかし、実のところは、政府と同じぐらい恐ろしいのは真実を伝えない大手メディアです。

3大ネットワークや大手の新聞社は、気象兵器の話題やFEMAを批判するコメントを偽情報として批判し、民主党のジョン・ケリー元国務長官も〝保守派が振りまく偽情報〟を批判して「言論の自由が民主主義を妨げることもある」と主張しました。

ちょうどこの頃に、ジョージ・ソロスが200のラジオ局を買ったことが話題になり、すでに目覚めた人々が、「左派が情報をコントロールしようとしている証拠だ！」と叫び、シープルを揺り起こしました。

一方、10月3日にトランプ大統領がバイデン＝ハリス政権の STORM（嵐）対策を批判し、次の日には、嵐の被害に関する質問にバイデンが「嵐ってなんのことかい？」と、あり得ない返事をしたことで、Q支持者たちはインテル・ドロップ2546を思い出しました。

インテル・ドロップ2546

大統領は「嵐の前の静けさ」と発言したとき、この命令を発動・確認した。

その発言はいつなされたのか？

Qが活動を開始したのはいつか？

トランプ大統領が「嵐の前の静けさ」と言ったのは、２０１７年10月5日、Qがインテル・ドロップを開始したのは２０１７年10月28日なので、Q支持者たちは、「トランプ大統領とQが２０１７年10月に始めた大覚醒作戦が、２つの異常なハリケーンをきっかけについに実を結ぼうとしている！」と、直感しました。

第6章
アメリカ国民を追い詰めた激しいインフレ

◆アメリカ国民を激怒させたイエレン論文

アメリカでは、バイデン政権誕生と共に日を追うごとにインフレが悪化し、現在では低額所得者や年金生活者が〝持病の薬を買うか食べ物を買うか〟という究極の選択を迫られています。そこまで切羽詰まった状況にはまだ陥っていない中流階級の人々も、夏休みの旅行をやめたり、車を買い換えるのを諦める、など、ライフスタイルを大幅にダウングレイドせざるを得なくなっています。

一般庶民がこんなに苦しんでいるにもかかわらず、バイデンもハリスも「経済は好調だ」と言い続け、大手メディアのニュース番組は、こうした発言をそのまま伝えたため、家計が苦しい人々、つまりアメリカ人の大半が、「トランプ大統領が言っていた通り、やはり大手メディアはフェイクニューズだ！」と、身をもって痛感しました。

特に庶民を激怒させたのは、２０２４年9月22日に、ジャネット・イエレン財務長官がウォール・ストリート・ジャーナル紙に寄稿した論説でした。

〝バイデン＝ハリスの経済的成功――バイデン＝ハリス政権のおかげでアメリカは苦難を乗り切った〟と、題されたこの社説は、あまりにも荒唐無稽でおもしろすぎるので、紙面を割いてここで大部分をご紹介しましょう！

今年の経済は、誰も考えつかなかったような発展が重なった。インフレ率は大幅に低下し、失業率は歴史的な低水準を維持している。堅調な個人消費と企業投資に支えられ、経済成長は力強いものとなった。リスクは残るが、データはソフトランディングへの道筋を示唆している。

生活費を引き下げるためにやるべきことはまだあるが、アメリカ国民は経済の先行きを楽観視できる。賃金は物価を上回るペースで上昇しているため、一般的なアメリカ人は、パンデミック前よりも多くの商品やサービスを購入できるようになった。低額所得者の賃金上昇率は最大である。黒人の失業率は昨年、歴史的な低水準に達した。都市部と農村部の失業率の差は縮小した。

どれも偶然に起こったことではない。バイデン大統領とハリス副大統領が就任した当時、何千人ものアメリカ人がコロナウイルスで命を落とし、失業率は現在より50％も高かった。バイデン政権の最初の年に、同政権は各家庭に財政支援を行い、立ち退きの危機を防いだ。何百万人もの人々に予防接種を行い、命を救い、企業が安全に再開できるようにした。

その後、ロシアのウクライナ侵攻によるエネルギー・ショックなど、さらなる危機を乗り切った。そして、クリーン・エネルギーから半導体まで、インフラと製造業への重要な投資を行った。私たちの行動は、商品やサービスの生産能力に対するパンデミックの衝撃を緩和し、経済の長期的潜在生産力を高めるのに役立った。これは、私がモダン・サプライサイド経済と呼んでいる政策だ。

合衆国労働市場の回復の速度を比較すると、この戦略が功を奏していることがわかる。2020年の不況からの回復は、それ以前の不況からの回復よりも早かった。経済成長率も、緩やかな回復という民間部門の予測を上回った。そして、合衆国は他の多くの先進国をしのぎ、力強い労働市場を維持しながら、実質国内総生産（GDP）の成長率を高め、インフレ率の低下を早めた。

（中略）

わが国の経済戦略は、世界的なパンデミックから第2次世界大戦後のヨーロッパ最大の戦争に至るまで、アメリカが困難な事態を乗り切り、未来に向けて発展していくのを支えてきた。私たちの政権は、この進歩を維持し、さらに発展させることを約束する。

失業率やインフレ率は、記録上では数字の操作で低く抑えることができるので、トリックとしか言いようがない方法で改竄された数字をフェイクニュースで紹介し、「経済は好調だ！」

と言い張ることができます。

しかし、机上の空論の中ではなくて、実社会で生きている一般人は、みな、親戚や隣人、知人の中に誰かしら失業した人がいて（あるいは自分自身が失業者で）、家計のやりくりで苦労しています。ですから、イェレンのこの論説は、あまりにも実情とはかけ離れた絵空事で、大半のアメリカ人が「ここまで庶民の経済感覚をまったく理解してない人間が財務長官でいいのか!?」と、ひたすらあきれまくりました。

そして、フォックス・ニュース、ニュースマックス、ブライトバートなどの保守派ニュース・サイトで、彼女のありえない自画自賛コメントが散々批判されている最中に、ソーシャルメディアでイェレンが2023年に中国を訪れたときに、中国の何立峰《かりつほう》国務院副総理に3回もペコペコと頭を下げていた映像が再び拡散されました。

これで、ごく普通のアメリカ人が、バイデン＝ハリス政権は中国にこびまくって、アメリカ人の利益をないがしろにするひどい連中だ！、と確信しました。

◆「インフレはワシントンで作られる」

さらに、トランプ大統領や保守派インフルエンサーたちが、大手メディアが伝えないインフレの実情や画期的なトランプ大統領の経済政策を折に触れてソーシャルメディアで紹介しました。

特にインパクトがあったものをいくつかご紹介しておきましょう。

まず、9月13日のネヴァダ州での集会で、トランプ大統領はこう言いました。

「僕は、手ごろな価格の家を提供するために、連邦政府が所有している土地を解禁するつもりだ。現在、ネヴァダの土地の80％は連邦政府が（開発禁止地域として）所有してる。ロンバード州知事は、解禁を要請する手紙を3通もバイデン＝ハリス政権に出したけど、返事が来なかった。トランプ政権は、彼らの嘆願書を無視したりしないぞ。少しずつ解禁して、最終的には大規模な解禁をするつもりだ。税金を格安にした新しい特別区域を作って、規制もほとんどなくして、すばらしい家をたくさん建設する。仕事もたくさん増えるよ。映画やテクノロジー産業、工場などを外国からもたくさん移転するんだ。州知事の助けを借りて、カリフォルニアからハリウッドの映画産業をここに持って来よう。今は、連邦政府が土地を持ってるけど、それを解放すれば映画スタジオを造れる。何百万人ものアメリカ人がクリーンで安全で美しく新しいコミュニティの建設に参加できる。この頃ほとんど聞かれなくなったフロンティア・スピリットやアメリカン・ドリームを再生するんだ！」

観衆から拍手喝さいを浴びたこの一言は、フォックス・ニュース、ニュースマックス、ブラ

トランプ時代とバイデン＝カマラ時代の食料品の値段の差

左側がトランプ時代、右側がバイデン＝カマラ時代

イトバートなどの保守派の媒体の他、X、トゥルース・ソーシャル、TikTok 、Instagram など、さまざまなソーシャルメディアでも拡散されました。

特に、カリフォルニアから映画産業を移転させよう、というくだりは、「子供とのセックスをしている映画スターが多いことが発覚し、ハリウッドがもう立ち直れなくなることを見越した予知的な発言」として話題になりました。

9月17日、トランプ大統領はXに、「自動車保険は73％上昇――トランプに投票すれば、その数字を半減させる！」と書き込みました。

9月24日には、トランプ時代とバイデン＝カマラ時代の食料品の値段の差をわかりやすく示した図表を、トランプ大統領がトゥルース・ソーシャルに投稿しました。

左側がトランプ時代、右側がカマラ時代の値段です。

真ん中の「THE COST OF KAMALA」は、文字通り訳すと、「カマラのコスト」ですが、コストには「代償、犠牲」という意味もあるので、この一言から、「カマラが大統領になるともっと大きな犠牲・高い代償を払わなければならなくなるぞ！」というニュアンスが伝わってきます。

同じく9月24日、トランプ大統領はジョージア州での選挙演説で、「製造業大使を任命して、世界各国に派遣し、外国に流れた製造業をアメリカに戻す」という、これまた画期的な公約を掲げました。

トランプ大統領は、9月25日にも、ガソリン代が51%、卵が47%も値上がりしたことを示す図表をトゥルース・ソーシャルに掲載しました。この図表には、「カマラの初日は3年半前だった」という一言も含まれていました。これは、カマラがたびたび「私は政権に就いた最初の日に経済を立て直します！」と言っていることを揶揄した一言で、「あんた、副大統領として政権に就いてたのに、何もやらなかったじゃん！」というメタメッセージをうまく伝えています。

9月29日には、経済関連の的確で辛辣なコメントで知られる保守派インフルエンサー、ウォール・ストリート・シルヴァーが、1978年以来、大学の学費が1120%、医療費が601%、食費が244%、CEOの平均年俸が937%も上がっているのに、庶民の給料はわずか10%、最低賃金労働者の給料は5・5%しか上がっていないことを告げました。

10月8日には、安売りの店で、1オンスの純金やプラチナが飛ぶように売れて、すぐに品切れになってしまう、というニュースが流れ、「激しいインフレで紙幣が無価値になる時が近い！」と悟る人々が急増しました。

同日、イーロン・マスクが、ミルトン・フリードマンのインフレに関するコメントを紹介したランド・ポール上院議員の投稿を再投稿しました。フリードマンは、大昔からこう言っていました。

「インフレはワシントンで作られます。通貨を作れるのはワシントンのみだからです。インフレの原因を他の団体に押しつけるのは間違っています。消費者はインフレを作らない。生産者はインフレを生み出さない。労働組合はインフレを生み出さない。アラブのシェイク（首長）はインフレを生まない。石油の輸入もインフレを生み出すことはありません。インフレを生み出すのは、政府の支出過多と政府による過剰な貨幣の創出で、それ以外の何ものでもありません」

フリードマンの真実爆弾は、イーロンが再投稿したおかげで他のソーシャルメディアでも拡散され、多くの人々がインフレの真の原因を理解するようになりました。

◆過度なグリーン化政策による経済不況

バイデン＝ハリス政権の行き過ぎたグリーン化政策が経済不況の原因の1つであることも、徐々に明らかになってきました。政府から多額の補助金をもらっていた太陽エネルギーの会社の倒産が相次ぐ中、特に目を引いたのは屋根にソーラーパネルを取り付ける会社、サンパワーの倒産でした。サンパワーはバイデンのお膝元であるデラウェア州にある裁判所で倒産申告をしたせいで、保守派インフルエンサーたちに「バイデン政権のグリーン政策失敗の象徴！」と嘲笑され、これがきっかけとなって、オバマ時代のソリンドラの倒産が再び話題になり、「やはり太陽エネルギー会社は政府の資金援助があっても成り立たない」と再確認する人が急増しました（太陽エネルギー会社のソリンドラは、オバマ政権がグリーン政策のシンボルとして5億ドル以上の支援金をつぎ込みましたが、採算が合わず2年で倒産しました）。

また、夏休み真っ盛りの7月中旬に、マサチューセッツ州沿岸の島、アメリカで最もリベラルな人々が住んでいるナンタケットの近くに設置された風力発電の風車の巨大な翼が根元から折れて海の中に落ちて、島民が唖然としました。実は、風力発電の翼がアメリカのシンボルであるハゲワシを殺したり、ハリケーンで翼が折れる、などの事故は頻繁に起きていたのですが、これらの風車は田舎に設置されていたので、事故があってもほとんどニュースにはなりませんでした。

しかし、ナンタケット島は大富豪のリゾートとして知られる島で、すぐ隣の島、マーサズ・ヴィンヤードにはケネディ一族、オバマ、クリントン、ビル・ゲイツなどの別荘があるので、この事故は大手メディアにも取り上げられ、その後に起きた島民による風力発電施設拡張反対運動や、落ちた翼の残骸が及ぼした環境汚染などがソーシャルメディアで話題になりました。

おかげで、グリーン化大賛成のリベラル派の人々も、環境を害してまで風力発電をする意義があるのだろうか、と、素朴な疑問を抱き始めるようになりました。

バイデン政権が多額の融資金を投じてごり押しした電気自動車も、自動車自体のパワー不足や充電スタンド不足、さらには簡単にハッキングされてリモートコントロールが可能だと判明したせいで人気が日に日に低下して、電気自動車の生産を縮小、あるいは中止する自動車会社が続出しました。

左派議員たちの、メタンガスを排出する家畜に税金をかけよう、とする動きも、オバマ時代からずっと続いていたものですが、２０２３年に発表されたネブラスカ大学の研究結果が、すでに多くの畜産家が行っている適切な措置を採れば牛が排出するメタンガスが地球温暖化に悪影響を及ぼすことはないことが明らかになりました。

この後、保守派インフルエンサーたちが、コカコーラなどのソフトドリンクの会社が1分ごとに20万本ものプラスティック・ボトルを生産していることのほうが、牛が排出するメンタガスより全然大きな問題だ!、と、伝えました。こうした投稿を見た2桁のＩＱを持つ人々が、民主党が推すグリーン化政策はなんかヘンなのでは?、と素朴な疑問を抱きました。

また、地球温暖化のせいで絶滅するのも時間の問題と言われていたオーストラリアのグレイト・バリア・リーフの珊瑚礁も消えるどころか増殖し、大西洋の温度も下がり、２０００年以降に夏の気温が特に上がっているわけではないことも分かりました。50年前には、大手メディ

「コカコーラなどのソフトドリンクの会社が１分ごとに20万本のプラスティック・ボトルを生産している。これは牛が排出するメタンガスより全然大きな問題だ！」保守派のインフルエンサーたちが真実を伝えた

アがこぞって「氷河期が来る！」と吹聴していたこともソーシャルメディアで拡散され、気候変動は単なる地球のナチュラルなサイクルだ、と気づく人々が激増しました。さらに、10月中旬には、〝気候変動対策費〟としてワールド・バンクが世界各国からせしめた莫大なカネの大半である410億ドルが行方不明になっていることも発覚し、大企業や政治家が気候変動をネタにさまざまな組織を使って資金洗浄をしているのでは?、と感づく人々もどんどん増えていきました。

こうして、過度なグリーン化政策を嫌い、国内の石油、石炭、天然ガスの採掘を再開して、アメリカをエネルギー政策Ｎｏ１の国にする!、と公約したトランプ大統領を支持する人がどんどん増えていったのです。

第7章

コロナウイルス・ワクチンの大被害

◆暴露された大手製薬会社と政府の癒着

イーロン・マスクがツイッターのCEOになった後、それまではトゥルース・ソーシャルやランブルなどの保守派が多いソーシャルメディアの利用者しか知らなかったコロナウイルス・ワクチンの真実が、一気に大々的に拡散されるようになりました。

ここでは、特に大きなインパクトを与えたニュースをおさらいしておきましょう。

●2023年1月、2021年から幼児にmRNAワクチンを接種させ始めたイスラエルでは、その後、幼児の死亡率が2倍になった。

●2023年10月、韓国の研究で、コロナウイルス・ワクチンが月経障害、血球不足、耳鳴り、筋骨格系の障害の直接的原因になっていることが判明した。

●2023年にコロナウイルス・ワクチン接種後に死亡した人々の検死の中で、複数の検死官や医学者、科学者が査読した325件の73・9%にあたる240件はコロナウイルス・ワクチンが直接の死因だった。内訳は、心臓突然死（35%）、肺塞栓症《そくせん》（12・5%）、心筋梗塞（12%）、VITT（7・9%）、心筋炎（7・1%）、多系統炎症症候群（4・6%）、脳出血（3・8%）。

●2024年1月、トルコの研究で、コロナウイルス・ワクチンが自閉症の原因になっていることが分かった。
●2024年5月に発表されたイングランドの研究で、研究の対象となった170万人の子供のうち、心筋炎と心膜炎を患っていることが判明したのはワクチン接種者のみだった。
●2024年5月、フィリピンの国会で行われたコロナウイルス・ワクチンに関する公聴会で、コロナウイルス・ワクチン接種が始まった2020年暮れから2021年暮れまでの1年間の死者数が、2005年以降の通年の死者数より43・9%も多いことが分かった。
●2024年9月、「米軍が2015年の段階でヒドロキシクロロキンとイベルメクチンがコロナウイルスに効くことを知っていた」ことが明らかになった。

これらの新情報は、親類縁者の中にコロナウイルス・ワクチン接種直後に死んだ人がいる人々を激怒させました。また、ごく普通の知能を有する人々も、コロナウイルス・ワクチンの真実を知って、唖然としました。

さらに、10月中旬には、イベルメクチンががんの治療薬としても効果があることが分かり、Q支持者たちが左記のインテル・ドロップを拡散しました。

Qインテル・ドロップ693

大手製薬会社が儲けるのはいつか？
治療するときか、それとも抑制するときか？
がん／エイズ／その他
組織の指揮系統を知ると唖然とするだろう。
Q

インテル・ドロップ694

治療法がすでに存在するとしたら？
治療法開発資金として（公的／私的／政府から）提供される数十億ドルは？
羊。
あいつらは病気だ！

そして、彼らは、これらのインテル・ドロップに関する左記の説明も拡散しました。
「大手製薬会社は、がんやエイズの真の治療には興味がなく、症状を適度に抑える延命阻止の薬を延々と売りつけて金儲けをしている。ファウチをはじめとする健康・医療に関する政府組織の人間と大手製薬会社はつるんでいて、両者が〝治療開発資金〟を着服して金儲けをしている」（詳細は『カバール解体大作戦』参照）。

政府の役人が治療薬開発費を製薬会社に割り当てるときにキックバックをもらっていたことなどは、すでに明らかになっていたので、これらの投稿を見た人々が政府と大手製薬会社が実は邪悪な存在であることに気づき始めました。

◆「アメリカを再び健康に！」

製薬会社の真相を教えるために最も大きく貢献したのはロバート・ケネディJrでした。

8月中旬、トランプ大統領支持を公式に表明したロバート・ケネディJrが、支持表明演説の中で言及した健康問題に関するコメントをいくつかご紹介しましょう。

「ご存じのように、私は10月に民主党から離脱しました。同党は、私が子供の頃に持っていた核となる価値観から大きく逸脱して、戦争、検閲、汚職、大手製薬会社、大手ハイテク企業、大手農業、そして大富豪の党になってしまったからです」

「今日、私たちは地球上のどの国よりも多くの医療費を費やしています。その額はヨーロッパの2倍であるにもかかわらず、世界のどの国よりも不健康で、健康に関するランキングではコスタリカやニカラグア、モンゴルなどに次いで79番目です。アメリカほど慢性疾患の負担が重い国はありません。コロナウイルスの流行の際には、世界で最も多くの死者を出しました。アメリカの人口は世界の4・2％にすぎないのに、世界中のコロナ死者数の16％がアメリカにおける死者でした」

「アメリカの大人と子供の3分の2が慢性的な健康問題に苦しんでいます。50年前は1％にも満たなかったのに、いまや66％になってしまったのです。アメリカ人の74％が太りすぎか肥満であり、子供たちの50％が肥満です。120年前は、肥満体の人はサーカスに送られたり、症例報告書が提出されたほど、希有《けう》なことでした」

「私の子供時代、叔父が大統領だった頃、若年性糖尿病は事実上存在しませんでした。一般的な小児科医であれば、40年、50年のキャリアの中で、糖尿病の症例はたった1例ある程度でした。今日では、診察室のドアを通る子供の3人に1人がすでに糖尿病にかかっているか、将来の糖尿病患者です。ミトコンドリア障害が糖尿病や、現在では糖尿病の一種と断定されたアルツハイマー病も引き起こしていて、毎年、その治療費にこの国の軍事予算以上の費用がかかっています。また、私が子供の頃には見られなかったような神経系の病気が爆発的に増えています。ADD（注意欠陥障害）、ADHD（注意欠陥多動性障害）、発話の遅れ、トゥレット症候群、ナルコレプシー（発作性睡眠）、LD（学習障害）、アスペルガー症候群、自閉症などです。2000年の時点では自閉症の割合は1500人に1人でしたが、CDC（疾病管理予防センター）によると、現在、子供の36人に1人が自閉症を患っています。カリフォルニア州では22人に1人の子供が自閉症です。そしてこれは、77％の子供が障害を持ちすぎて米軍に従軍できないという危機を意味するのです。私たちの国に何が起こっているのか？　そして、なぜこの一大事が毎日トップニュースにならないのでしょうか？」

「どうしてこんなことが許されるのでしょうか？　現在、アメリカの10代の若者の約18％が脂肪肝に罹患《りかん》しています。5人に1人の割合です。私が子供の頃は、この病気はアルコール依存症の後期高齢者にしか発症しませんでした。年齢を問わずガンの罹患率が急増していて、若年成人のガンは79％増加しています。アメリカ人女性の4人に1人が抗うつ薬を服用し、10代の若者の40％が精神疾患の診断を受け、高校生の15％がアデロール（ADHDの治療薬）を、50万人の子供がSSRI選択的セロトニン再取り込み阻害薬を服用しています」

「何がこのような苦しみを引き起こしているのでしょうか？　犯人を2つ挙げましょう。1つ目は、超加工食品です。アメリカの子供たちの食事の約70％は超加工食品、つまり、工場で製造された工業製品です。これらの食品は主に加工砂糖、超加工穀物、種子油で構成されています。これらの食品の多くは、1970年代から1980年代にかけて大手食品会社を買収したたばこ産業の研究所で働いていた科学者たちによって作られたものです。これらの成分は100年前には存在しませんでした。人間は生物学的にこれらのものに対する適応性がないのです。アメリカの加工食品には、ヨーロッパでは禁止されている何百種類もの化学物質が含まれています。第2の原因は、食品、医薬品、環境に含まれる有害化学物質です。農薬、食品添加物、医薬品、有毒廃棄物は、私たちの身体のあらゆる細胞に浸透しています」

「これらの化学物質の多くはエストロゲンを増加させます。幼い子どもたちがこのようなホルモン攪乱《かくらん》物質を大量に摂取しているため、アメリカ人の思春期は現在10～13歳で、1900年に女児が思春期を迎えていた時期より6年も早くなっていて、地球上のどの大陸よりも早いのです。これはアメリカ人の栄養状態が良くなったからではありません。これは正常なことではないのです。ガンもエストロゲンによって誘発され、現在では女性の8人に1人が罹患しています。この悲劇的な慢性疾患の蔓延がもたらす悲しむべき人為的原因を考えると、それが経済に与えるダメージについて言及するのは、無神経だと思われるかもしれませんが、言わせてもらいます。この病気が国家財政を破綻に追い込んでいます。私の叔父が大統領だった頃、わが国が慢性疾患に費やした費用はほぼゼロでした。しかし現在、政府の医療費はほとんど慢性疾患のために使われ、軍事予算の2倍で、連邦予算の中で最も急速に伸びている予算項目です。慢性疾患がもたらす総合的なコストは、経済全体にとって大きな負担で、少なくとも4兆ドル、軍事予算の5倍です。私たちが目指すことを成し遂げるための費用の20%が、この重荷を背負うために費やされているのです」

「アメリカは組織的にマイノリティに有毒物を与えています。業界のロビイストたちは、フードスタンプ（低額所得者へ政府が支給する食品交換券）による給食プログラムの大部分（フードスタンプの約70%、学校給食の70%か77%）が加工食品であることを政府に確約させました。支給されるものの中に野菜はないし、食べるべきものもありません」

「食品産業は、農業補助金のほとんどすべてが、加工食品産業の原料である汎用作物に使われるよう働きかけました。こうした政策は小規模農家を破壊し、土壌を破壊しています。タバコへの補助金は、果物や野菜への補助金の約8倍だと思います」

「しかし、今、この状況をすべて変えることができるのです。アメリカは再び健康になることができます！」

「NIH（国立衛生研究所）の助成金の80%は、利益相反のある人々に支給されています。ジョー・バイデンは食品に関する勧告を決定する人々を任命しましたが、彼らは一人残らず加工食品業界の人間です。アメリカ人にとって何が健康的か、食べ物の優先順位はどうするか、学校給食で何を食べさせるか、フードスタンプで何を買わせるかを決めているのは、加工食品業界の人間なのです。彼らはみな腐敗し、利益相反取引をしています。FDA（食品医薬品局）、

ＵＳＤＡ（農務省）、ＣＤＣ（疾病管理予防センター）などの機関はすべて巨大な営利企業に支配されています。ＦＤＡの資金の75％は納税者からではなく製薬会社からのもので、製薬会社の重役やコンサルタント、ロビイストがこれらの機関に出入りしています。トランプ大統領の後押しを得て、私はこの状況を変えるつもりです。業界からの資金提供を受けない誠実な科学者や医師をこれらの機関に配置し、消費者、医師、患者が公正な科学に基づいて意思決定を下せるようにしたいのです」

トランプ大統領も、トランプ政権1期目から折に触れて製薬会社や加工食品会社と政府の癒着を批判し、今回の選挙演説でも必ずMake America Healthy Again！（アメリカを再び健康に！）と唱えていましたが、左派からはまったく無視されていました。しかし、ロバート・ケネディJrのこの演説のおかげで、実は大昔から製薬業界や加工食品業界の悪事を憎んでいた本物のリベラル派の人々が、トランプ大統領の政策にもいいところがある、と気づいてくれました。

この演説の後、ＭＡＧＡハットとともに、Make America Healthy Again！と刺繍されたＭＡＨＡハットやＴシャツも飛ぶように売れたので、やはりケネディというネーム・ヴァリューは侮《あなど》れませんね！

ロバート・ケネディJrの演説のおかげでMAHAハットやTrump Kennedy hand shake shirtが飛ぶように売れた

◆成人するまでに最大70ものワクチンを打たれるアメリカの子供たち

このほぼ1か月後、ロン・ジョンソン共和党上院議員が開いた健康と食品に関する討論会で、若い女性に人気のあるポッドキャスター、アレックス・クラークがワクチンや製薬業界、農務省を痛烈に批判して、拍手喝采を浴びました。以下、彼女のスピーチの要旨です。

●20代後半から30代前半の世代が幼少期から受けていた健康に関する勧告、フード・ピラミッド・アド（栄養摂取ガイドライン）は、1992年に食品業界の圧力を受けた農務省が捏造《ねつぞう》したものだ。パスタやパン、加工された朝食用シリアルのような複合炭水化物が推薦されている理由は、大手農業と食品業者にとって最も儲かる食品だからで、これらは、タバコ会社から食品業界に移った科学者たちが意図的に作った、ヘロインのような中毒性がある糖分過多で肥満や炎症を起こしやすい食品だ。

●小児科医は、〝不安やうつ病になる可能性が80％も高まる〟などの副作用の説明をせずに少女たちにピルを勧め、ミレニアル世代の女性たちは、ホルモン避妊ピルを10年から15年も服用し続け、ピルが原因の不妊症が毎年1％ずつ増加している。

●不妊症の女性たちは、何万ドルも費やして体外受精やその他の不妊治療を受けなければ家庭を持てない。
●食品関連の研究は食品会社に買収され、ニューズも大手製薬業者の資金提供で成り立っている（製薬業界は月平均10億ドルの広告費を費やしている）ので、国民はなかなか真実を知ることができない。
●小児科医は、医学部在学中にたった1日しか栄養学を学ばないので、種油《たねあぶら》に関して質問されても、種油が何なのかも知らない。
●現在、ピーナッツ・アレルギーを持つ人の割合は50人に1人で、ほんの数十年前の4倍。
●1980年当時、自閉症と診断された子供の割合は10万人に3、4人だったが、現在では、子供が自閉症である確率は36分の1であり、その割合も年々上昇している。
●1985年に生まれた赤ん坊は、数種類のワクチンしか接種しなかったが、今の子供たちは18歳になるまでに最大70もの予防接種を受け、2歳になるまでに27の予防接種を受け、1回の診察で6つもの予防接種を受けているが、ワクチンのおかげで子供たちが健康になったというデータはない。

アレックスは、不都合な真実に言及した後、こう言ってスピーチを締めくくりました。

「ワクチンについて質問しすぎた親は、児童保護サービスに通報されたり、小児科から追い出されたりしています。自由の国アメリカで、こんなことがあっていいのでしょうか？　親と政府が子供を共同養育し、親が人質に取られているのです。私たちは政府と離婚したいのです！」

アレックス・クラークが見栄えのする美しい女性で、声もしゃべり方もかわいらしく、しかも〝ウィ・ウァント・ア・ディヴォース〟（離婚したいです！）という決め台詞が冴え渡ったことで、彼女のコメントはあっという間にソーシャルメディアを席巻しました。

こうして、2024年の夏以降のアメリカでは、ワクチンや製薬業界・食品業界と政府の癒着のみならず、栄養学、医科学そのものに疑問を抱く人がどんどん増えていきました。

第8章

連邦準備銀行は守銭奴カバールの紙幣印刷所

◆連邦準備銀行をぶっ潰せ！

トランプ大統領の最大の使命は、カバールの資金調達組織である連邦準備銀行と国税庁を潰すことでした。

このゴールを達成するために、トランプ大統領は、まず〝コロナ対策〟を名目に、パンデミックから人々を救うために莫大な予算を投じ、連邦準備銀行への借金を大幅に増やしました。その後、偽バイデン政権は、パンデミック対策の支援金支給を続け、さらに、ウクライナへも何兆ドルもの援助金を支給して、雪だるま式に借金が増え、インフレも同時進行で悪化の一途をたどっていきました。

この間、大手メディアは、「地球温暖化による不作で農作物の値段が上がった」、「パンデミックにつけこんだ石油業界がガソリン代を上げて、それが上乗せされて物品の値段が高くなった」などの言い訳を繰り返しました。しかし、保守派のインフルエンサーたちが、「連邦準備銀行が紙幣を湯水のごとく繰り出して、ドル紙幣が溢れれば、インフレになるのは当たり前だ」と、経済の根本的な仕組みを伝え続け、眠っていた人々は徐々に目覚めていきました。

とりわけ大きな覚醒のきっかけになったのは、保守派のシンクタンク、ヘリテージ・ファウンデイションが発表したプロジェクト2025でした。これは、来るべきトランプ政権第2期で保守派が期待している政策をまとめたリポートで、連邦政府縮小、支出大幅削減、国境警備強化や不法移民返送、LGBTQ優先政策廃止、非白人優越思想の押し売り教育廃止などの保守派が望む政策が列挙されていました。

公平な目で見れば、単にアメリカ人の利益と幸せを優先し、異常なLGBTQ・非白人優遇政策をやめて実力主義に戻すことを目指す政策は、極めて良識的なものです。

それでも、フェイクニューズが「トランプが大統領に返り咲いたら、ヘリテージ・ファウンデイションのプロジェクト2025に沿った人種・LGBTQ差別政策を敢行する！」と煽り、トランプ大統領と彼の支持者たちをひっきりなしに人種差別主義者！、時代遅れのLGBTQ嫌いの偏屈者！、と罵倒し続けました。そのため、トランプ陣営は「プロジェクト2025はトランプの選挙キャンペーンとは関係ない！」と、何度もプロジェクト2025を否定しなければならなくなってしまい、そのたびにプロジェクト2025が掲げた政策を大歓迎しているトランプ支持者たちががっかりしていました。

フェイクニューズの攻撃の矛先は、不法移民とLGBTQ差別政策（実は単に彼らの過剰優遇をやめるだけの政策）に向けられましたが、カバールの手下たちが激しく攻撃したのはヘリテージ・ファウンデイションが大昔から主張していた連邦準備制度廃止案でした。

ヘリテージ・ファウンデイションは大昔から政府が経済に口を出すことを批判し、「ドル紙幣を好き勝手に印刷してばらまく連邦準備銀行こそがインフレの原因だ」と説いています。プロジェクト2025が勧める経済政策は、この理論の延長線上にあるものです。以下、プロジェクト2025のオフィシャルサイトに掲載されている連邦準備制度に関する記述の一部を見てみましょう。

政府が金融政策をコントロールすることとの根本的な問題は、次の2つの政治的プレッシャーにさらされることだ。

●政府の赤字を埋めるためにカネを印刷しなければならない。

●次の選挙まで人為的に好景気をもたらすためにカネを印刷しなければならない。

どちらのプレッシャーも、利己的な政治家が存在する限り消えることはないので、唯一の恒久的な解決策は、金融をコントロールする主導権を連邦準備銀行の手から国民の手に取り戻すことだ。

商品貨幣（コモディティ・マネー）の使用を認めるか、政治的干渉を避けるために厳格な金融政策ルールを採用することにより、貨幣に対する連邦政府の関与を完全に廃止すれば、この目標を達成できる。

当然ながら、現時点ではフリー・バンキング自由銀行制度（それぞれの銀行が独自の貨幣を発行する制度）も、商品担保通貨（コモディティ・バックト・マネー）を認めることも、現在は議論されていないので、我々は改革メニューを作成した。

（中略）

フリー・バンキング自由銀行制度：

自由銀行制度では、金利も通貨供給量も政府によってコントロールされることはない。そのため、連邦準備制度は事実上廃止され、財務省の役割は、主に政府の資金を扱うことに限定される。

（中略）

商品担保通貨：

合衆国の歴史の大半において、ドルは金と銀の両方で支えられていた。問題は、法定価格と市場価格が異なった場合、人為的に過小評価された通貨が流通から消えてしまうことだった。このメカニズムのせいで合衆国が事実上の銀本位制になったこともあった。しかし、その結果、インフレは制御された。

商品担保通貨はこのような実績を持っているので、連邦準備制度の廃止までは望まない金融改革派は依然として金本位体制の復活を望んでいる。

２０１２年と２０１６年の共和党大会党綱領には、「金本位制への回帰の実現可能性を検討する委員会の設置」が共和党が推す政策の１つとして挙げられていた。また、２０２２年10月にはアレクサンダー・ムーニー下院議員（共和党）が金本位制復活法案を提出した。

連邦準備銀行、及び、全世界のほぼすべての国にカバールが設置した中央銀行は、それぞれの政府にカネを貸して、国民に利子を支払わせ、国家も人々も借金奴隷にして、借金の形《かた》に国の天然資源や国家そのものを乗っ取る巨大で邪悪な高利貸しです。

連邦準備銀行はカバールの金儲け・資金洗浄のための欠かせない組織なので、連邦準備制度廃止を提案しているヘリテージ・ファウンデイションは、カバールの宿敵です。

ですから、カバールの息がかかった経済アナリストや政治家たちが、口をそろえてプロジェクト２０２５を酷評し、民主党議員たちもやっきになってプロジェクト２０２５の〝極右政策〟を非難し、ジェローム・パウエル連邦準備制度理事会議長を招いた下院の公聴会でも、民主党議員によるプロジェクト２０２５バッシングが炸裂しました。

しかし、この公聴会の席で、思わぬ〝真実〟が吐露されてしまったのです！

ミズーリ州選出のクリーヴァー民主党下院議員とパウエル氏のやりとりを見てみましょう。

クリーヴァー　先ほど、中央銀行（連邦準備銀行）が必要である理由を尋ねられたときに、政治色のない答え方ができない、という理由で返答を避けていらっしゃいましたが、連邦準備制度は1913年、いや、1918年でしたかな、とにかく20世紀初頭に誕生したんですよね。中央銀行が生まれる前は、アメリカの商業・産業が安定していなかったので、アメリカは多くの不景気を体験していて、それは経済をコントロールする仕組みがなかったから、ということですよね？

パウエル　そうです。1836年から連邦準備制度が生まれるまでの間は、アメリカは何度も不況に襲われていました。原因は、作物の収穫のサイクルに従って大きく変動する貨幣の流れに、銀行が対処できなかったことにあります。資金の流動性を供給する中央銀行が存在しなかったからです。つまり、連邦準備制度は資金の流動性を提供するために生まれたのです。

クリーヴァー　通貨政策と財政政策を融合するのは危険だと思いますか？

パウエル　我々はそれらの2つの政策をハッキリと分けるよう、努力しています。財政政策に関しては口を出さないことにしています。それは、選挙で選ばれた人々が下す難しい決定ですから。我々は、我々に与えられた極めて限られた職務にのみ専念しようと努めています。

クリーヴァー　私は、あなたから政治的な答えを聞き出そうとしているわけではないのですが、プロジェクト2025だか、3089だかを読んでみて、ちょっと気になったことがありましてね。連邦準備制度こそがインフレの原因だ、と書かれているんですけど……

パウエル　我々はさまざまな批判を受けていますが、独立した中央銀行が存在しなければ激しく不安定なインフレに素早く対処することはできません。

クリーヴァー　つまり、連邦準備制度を廃止することが、経済安定を導く最善の方法だ、ということですね？

パウエル　そうです。

全体の流れを追ってみれば、パウエルの一言が単なる失言だったか、クリーヴァーが「連邦準備制度を廃止することが、経済安定を導く最善の方法ではない、ということですね？」と言うつもりが、逆のことを言ってしまったのか、どちらかであることは確かです。もちろん、パウエルの最後の一言が、フロイディアン・スリップ（深層心理に潜む真実がうっかりと口をついて出てきてしまった失言）だったことも考えられますが、誰がどんな失言をしたかは、ここでは問題ではありません。

重要なのは、この後のソーシャルメディアの反応です。

クリーヴァーの「連邦準備制度こそがインフレの原因だ、と書かれているんですけど……」という一言の後に、2人の最後のやりとりをくっつけた抜粋ビデオが、Xやトゥルース・ソーシャル、ギャブ、パーラー、テレグラムなど、ソーシャルメディアのあらゆるプラットフォームを席巻しました。

そのおかげで、「紙幣を無制限に印刷する連邦準備銀行こそがインフレの根源で、連邦準備制度廃止が経済安定のための最善策だ」という真実に気づく人が、一気にどっと増えました。

そして、こうしたビデオを見たリベラル派の人々が、「これはミスインフォメーション・ディスインフォメーションだから削除すべき！」と抗議するたびに、ビデオの信憑性が再確認され、たとえ失言であろうとも「パウエルが連邦準備制度廃止が経済安定のための最善策だ」と認めたことが事実検証機関によってしぶしぶ認められ、トランプ支持者の間で、「パウエルが嘘の重みに耐えかねて思わず事実を口走った！」と、もてはやされました。

これを受けて、保守派のインフルエンサーたちが2016年からずっと叫び続けていた、「トランプ大統領は連邦準備制度を潰すことを最大の目的としている！」というコメントが、目覚め始めた人々の耳にもようやく届くようになりました。

彼らは、これをきっかけに、Q支持者のポッドキャストにも興味を示すようになり、さまざまなQのインテル・ドロップで連邦準備制度の実態を知ることになりました。

人々を大覚醒へと導いたQのインテル・ドロップ138には、こう記されています。

インテル・ドロップ138

連邦準備銀行と国税庁

事実：アメリカ連邦準備銀行は、民間の会社で、独自の地域に所在し、合衆国の法律では取り締まれない。

Q支持者のポッドキャスターたちは、このインテル・ドロップを説明するたびに、「フェデラル（連邦）という単語がくっついているので、誰もが連邦政府の管轄下にある組織だと思い込んでいるが、実は大手銀行の連中が作ったプライヴェートな組織で、フェデラル・エクスプレス同様に民間企業であり、まったく連邦政府とは関係ない！」と力説しました。

インフルエンサーたちは、連邦準備制度のヘッドクオーターがあるワシントンDC、ヴァチカン、シティ・オヴ・ロンドンがそれぞれの国に属さない自治区であることも、目覚め始めた人々に教えました。

◆〝陰謀論〟は実は真実だ

左記のQのインテル・ドロップ354もさまざまなプラットフォームで紹介されました。

インテル・ドロップ354

ゲームをしようか?

クモを見つけて巣(「地図」)を作る。

彼らはあなたをハエ(具体的には「餌」)だと思っていることを忘れるな。

彼らは彼女が負けるとは思ってもみなかった。

従って、彼らは自分たちの犯罪行為に対する調査および/または世間の関心が暴露/調査されるとは思ってもいなかった。

それゆえ、彼らは何も恐れていなかった。

そのため、彼らは公然と自分たちのシンボリズムを披露した。

だから、彼らはずさんだった。

フセインはシカゴでの最後の演説で、〝スキャンダルがない〟と言った。

なぜ彼はそのフレーズを強調し続けたのか？

バックアップとして、彼らは大手メディアに潜入し、コントロールしている。

バックアップとして、彼らはチーム内の人間だけを随所に配置する。

バックアップとして、組みしない人間たちを脅迫する。

バックアップとして、彼らは「陰謀」を狂気／精神不安定と定義し、どんな「真実」にも陰謀というレッテルを貼る。

彼らが関与していることのほとんどが純粋な悪であり、まさしく信じられない（飲み込みにくい）ものであるからこそ、その手法がまかり通る。

どの政党が選挙で勝っても、最初から仕組まれたことだった（JFKは殺された／レーガンは撃たれた）。

これは常に、（自らの意思で、あるいは強制されて）ゲームに参加する人々に約束されたことだった（つまり、彼らは決して権力を失わない）。
（3）文字の機関の権力。
米軍を行使（他国を押しのけ、同類を就任させて全世界支配）。

彼らは本当に愚かだ。

夫たちの動きを追え。

もうひとつのヒント
イアン・キャメロン
マッキンゼー・アンド・カンパニー
アメリカの道化師たち。
エメット・J・ライス博士
連邦準備制度
みんなつながっている
チェスをしようじゃないか？

Q

〝彼女〟とは、ヒラリー・クリントン、3文字の機関はFBI、CIA、Clowns In America（アメリカの道化師たち）はCIA、イアン・キャメロンはスーザン・ライス（オバマの大統領補佐官）の夫でABCニュースのプロデューサー、マッキンゼー・アンド・カンパニーはカバール資金繰り組織、エメット・J・ライス博士はスーザン・ライスの父親で連邦準備制度の重役でした。

Q支持者たちは、保守派にフレンドリーなプラットフォームで、インテル・ドロップ354を、左記のように分かりやすく解説しました。

「カバールが所持する連邦準備銀行は勝手に紙幣を印刷し、政府にカネを貸した利子や、さまざまな資金洗浄で莫大なカネを手にし、FBIやCIAを使って買収や脅迫をして仲間に入れた政治家や要人（判事、役人、企業重役、選挙執行人、法執行組織の要人、メディアの人間など）を随所に配置し、あらゆる犯罪を犯している。メディアも司法関係者も仲間なので犯罪がばれることはない。真実が暴露されても、子供を生け贄にしている、など、あまりにも信じられない行為なので、一般人は陰謀論として片づける。選挙も八百長でカバールに従う人間しか勝てない。たまに操れない人間が勝ってしまい、脅迫しても屈しない場合は、暗殺する。あらゆる機関の随所に配置された人間たちはみなつながっていて、カバールの仲間が世界を牛耳っている。カバールに逆らう者は、大統領さえも殺される。政治家も、企業も、司法組織も報道組織もカバールが操っているので、彼らの犯罪が表面化することはなかった」

「そして、リポーターも警察も手下なので、犯罪を隠す必要がなかったカバールが、ヒラリーが負けた後、焦って、必死になってトランプ大統領の人格殺害作戦に乗り出し、その一環としてロシア疑惑、ウクライナ疑惑、議事堂〝襲撃〟事件が起こされた。トランプ大統領再出馬以降の複数の訴訟も、すべて単に人格殺害を狙っただけのインチキだ」

インテル・ドロップ142の連邦準備制度に関する記述も拡散されました（FEDは、連邦準備制度、連邦準備銀行のことです）。

インテル・ドロップ142

タイタニック号で死んだのは誰だ？
タイタニック号が沈没したのは何年か？
なぜそれが重要なのか？
タイタニック号に実際に何が起こったのか？
（中略）
FEDとは何か？
FEDは何を管理しているのか？
誰がFEDを支配しているのか？
FEDの設立を承認したのは誰か？

Q支持者たちは、このインテルを、こう説明しました。

「タイタニック号沈没で死んだ3人の大富豪、ジョン・ジェイコブ・アスター（不動産王、ニコラ・テスラの友人だった）、イシドー・ストラウス（有名デパート、メイシーズのオーナー）、ベンジャミン・グッゲンハイム（鉱山の経営で大成功を収めた財閥の一員）は、連邦準備制度導入に反対していた。タイタニック号が沈没したのは1912年、連邦準備制度導入の1年前。カバールが、買収できない3人を殺すために、事故と見せかけてタイタニックを沈没させた。タイタニックを所有していた会社の親会社の要人だったJPモルガンが彼らを招待し、自分は乗船しなかった。1911年に、ロスチャイルドがタイタニックの保険を拒否していた」

「連邦準備制度は、ロスチャイルドなどの大銀行家が仕切っている施設団体で、紙幣を勝手に印刷し、利子を取って政府に貸し付けるカバールの資金捻出のための組織。ワン・ワールドを目指し、国連の前身である国際連盟を提案したウッドロー・ウィルソンの政権下で作られた」

（詳細は、拙著『ハリウッド映画の正体』参照）

2016年以降、トランプ大統領が大手メディアの報道はフェイクニュースだ、と教えてくれたので、3大ネットワーク、ケーブル・ニューズ、ワシントン・ポストやニューヨーク・タイムズなどの新聞の報道を信じる人々の数が激減しています。

2021年以降は、陰謀論と呼ばれていた数多くの出来事（「2016年の大統領選でトランプが勝ったのはロシアのおかげではない」「ハンター・バイデンのラップトップはロシアの偽情報ではない」など）が、実は真実であったことが明らかになりました。このおかげで、２０２４年のアメリカでは、「陰謀論は実は真実だ」と気づく人々が急増しています。

９月下旬には、ロバート・ケネディJrも連邦準備銀行を批判して、こう発言しました。

「連邦準備銀行はポンプのようなものです。その機能は、ウォール街の少数の銀行の利益を守ることです。連邦準備銀行は文字通り、アメリカの中産階級から富と株式を吸い上げて、上層部に位置する国内の企業や金融機関に移しているのです。私が子供の頃、投資をしようと思う人々は、外に出かけて、すべての工場を見て回った。ミシガン州、デトロイト、そして国内の他の地域に出かけて、工場を見て、経営陣はどうなのか？　生産台数は？　財務状況は？　在庫は？　と、視察して、経済的な賭けをしたものです。今はもう誰もそんなことはしません。ウォール街で彼らが注目しているのは、連邦準備銀行が次に何をするかということだけです」

リベラル派の闘士であるロバート・ケネディJrが連邦準備銀行の経済介入、さらに連邦準備銀行の存在そのものを批判してくれたのです！

こうして、２０２４年のアメリカでは、それまで〝陰謀論〟として一笑に付されてきた〝にわかには信じられないこと〟が、実際は本当だった！、と分かる人が続々と増え続け、パウエルの失言のおかげで、連邦準備制度の実態に気づき、カバール支配の全体像がなんとなく分かってきた人々も激増しました。

また、トランプ大統領が、折に触れて「中央銀行（連邦準備銀行）の暗号通貨は絶対に阻止する！」と力強く断言するたびに、連邦準備銀行制度に対する一般人の不信感が深まっていきました。

真実を受け入れる土壌が整った後は、ソーシャルメディアでのQ支持者のコメントもすんなりと受け入れる人々が増えました。

そして、「ドナルド・トランプがそもそも大統領になったのは、バイデン＝ハリス政権下でアメリカ経済を破綻させて、連邦準備制度を潰し、新しい金融制度を導入するためだった」、というQ支持者のコメントが拡散され、この事実が多くの人々の理性の中にどんどん浸透していきました。

さらに、Q支持者たちは、「トランプ大統領が就任時に、中央銀行を潰したことで知られるアンドリュー・ジャクソン第7代大統領の肖像画を、大統領執務室に飾ることにしたのも、20ドル紙幣の肖像画を既存のアンドリュー・ジャクソンから黒人女性、ハリエット・タブマンに変える、というオバマの政策をトランプ大統領が中止したのも、連邦準備制度を廃止する決意の象徴だった」と伝えました。このようなコメントも、ほんの4年前には、「馬鹿馬鹿しい陰謀論！」と片づけられていましたが、陰謀論と言われていることこそが真実だ！、と、事実に

2016年当選の時から大統領執務室にアンドリュー・ジャクソン第７代大統領の肖像画を飾ったトランプ大統領は連邦準備銀行をぶっ潰す！

ウィリアム・マッキンリー
第25代大統領
（在任1897－1901）

のみならず、アメリカを大繁栄へと導いた第25代大統領マッキンリーの手法に倣って、高率輸入関税で国家財政を賄い、所得税廃止を目指す。

国税庁もぶっ潰せ！

目覚めた人々の間で、「開眼モノの真相だ！」と、有り難く受け止められました。

◆国税庁をぶっ潰せ！

これと平行して、国税庁や税金に関する事実も徐々に伝わっていきました。

まず、保守派インフルエンサーたちが「合衆国憲法に、所得税が必要だ、とは記されていないから、所得税を廃止して、所得税徴収組織である国税庁も廃止するべき！」と、ソーシャルメディアのコメントやポッドキャストで伝えました。補正第16条に記された所得税に関する一節を見てみましょう。

連邦議会は、いかなる源泉から生じる所得に対しても、徴収額を各州に割り当てることなく、人口調査や人口計算に関連させることもなく、所得税を賦課し、徴収する権限を持つ。

リベラル派は、この条項が「連邦政府が所得税を取ることを定めたもの」と解釈しています。しかし、保守派は、「連邦政府が所得税を賦課・徴収する〝権限を持つ〟と、記されているだけ。その権限を行使しない権限だってある！」と解釈し、所得税を廃止することは違憲行為ではない、と主張しています。

アメリカでは、よく「この世で確実なものは死と税金だけだ」と言われています。死と税金は誰も避けられないイヤなものだ、という意味で、アメリカの人口の数パーセントにも満たない極左のコミュニスト以外は、〝リベラル〟と自称する人さえも税金という言葉を聞いただけで身の毛がよだつほどの嫌悪感を覚えます。

ですから、リベラル派の多くも、保守派インフルエンサーたちの憲法の解釈を歓迎し、国税庁廃止に大賛成しました。

トランプ大統領も、選挙演説の度に所得税を廃止して関税で税収をまかなうことが可能だ、と、提案しています。

2024年6月19日には、トゥルース・ソーシャルに、こう投稿しました。

「スムート・ホーリー関税法は、世界恐慌がすでに始まってから成立した。関税について、そして関税がどれほど威力があるかを学びたいのなら、ウィリアム・マッキンリー大統領の政権を研究するといい。アメリカは、使い道がないほどの大金を手にした！」

これを受けて、Q支持者たちがいっせいに、「マッキンリーは、アメリカの利益を最優先し、高率輸入関税をかけてアメリカを大繁栄へと導いたせいで、1901年に暗殺された。暗殺犯は無政府主義者だとされているが、実際はロスチャイルド一族と懇意のセオドア・ルーズヴェルトを大統領の座に据えるために、カバールがマッキンリーを葬った」と伝えました。

マッキンリー暗殺後に大統領になったルーズヴェルトが1904年に、当時バッキンガムシャー総督だった初代ロスチャイルド男爵に贈った感謝状も紹介され、「暗殺の陰にロスチャイルドあり！」と、気づく人が増えていきました。

ほぼ同時期に、アーカンソーのサラ・ハカビー・サンダース州知事の指導の下で、アーカンソー州議会が高額所得者の所得税を4・4％から3・9％に下げる法案を通過させ、トランプ派の人々から「他のレッド・ステイツの見本になる！」と絶賛されました。

また、トランプ大統領が「チップへの税金を廃止する」と宣言した後、カマラ・ハリスも同じことを提案したことで、まったく目覚めていない民主党支持者までもが、「民主党候補が提案するのなら、チップへの課税は廃止してもいいのだろう」と思うようになりました。

9月には、トランプ大統領が、超過勤務手当への課税と社会保障支給金に対する税金も廃止する、と公約し、アメリカ人のマジョリティから拍手喝采を浴びました。

9月18日には、国税庁の職員たちがカマラ支持を表明し、勤務時間中にカマラのため選挙活動をしていることが分かりました。なので、国税庁を憎む人々（＝アメリカ人のほぼ全員）が、カマラが大統領になったら税金が上がる！、と直感しました。

10月18日には、トランプ大統領が「警官、軍人、退役軍人への連邦政府の所得税を廃止するつもりだ」とコメント。

同日、「連邦準備銀行はロスチャイルド一族とバンク・オヴ・イングランドとつながっていて、ロスチャイルドは世界経済を破綻させて1つの政府が世界を統制するニューワールド・オーダーを築こうとしている」と記されている『シークレッツ・オヴ・ザ・フェデラル・リザーヴ』（連邦準備銀行の秘密）という本が話題になりました。

10月21日には、国税庁がＡＩを使ってアメリカ人全員の銀行口座をモニターしていたことが発覚しました。

同日、トランプ大統領は黒人が経営する理髪店（理髪店は黒人男性の井戸端会議の場所となっています）を訪れ、経営者とお客さんと歓談し、こうコメントしました。

「１８８０年代、１８９０年代は所得税なんてなかったんだけど、おカネがあり余っていて、どうやってカネを使うか決めるために有識者委員会を作ったほどだったんだ」

この後、保守派インフルエンサーたちが、「アンドリュー・ジャクソン大統領が第２合衆国銀行（連邦準備銀行の前身）を潰して、１８４１年に同銀行が正式に倒産してから、１９１３年に連邦準備制度ができるまでの間、アメリカは関税だけで十分に国庫が潤ってた」と、人々を啓蒙しました。

さらにトランプ大統領は、10月25日に3時間もぶっ続けでジョー・ローガンと対談し、「所得税を廃止するつもりですか？」と聞かれ、「〝関税〟ってのは、ラヴよりも美しい言葉だ。マッキンリー大統領の時代は関税だけで、金があまるほど国庫が潤っていたが、彼は暗殺された」と言いました。３６００万人以上の人々がこのポッドキャストを見て、〝関税だけで財政を賄える〟と、信じるようになった後、トランプ大統領は折に触れて所得税廃止を訴え、所得税嫌いの人々＝ほとんどのアメリカ人から支持されるようになりました。

こうして、勝手に紙幣を印刷して利子を取って政府に貸し付ける連邦準備銀行に対する不信感と、所得税を徴収する国税庁の存在意義を疑う人々の数が、日に日に増し続け、トランプ大統領が両組織を廃止しやすい状況が整っていきました。

おまけに、トランプ大統領のおかげで〝ギルディド・エイジ（金ぴか時代）〟と呼ばれる１８８０年代、１８９０年代に注目が集まった後、エリック・プリンス（民間軍事会社、ブラックウォーターUSA創設者）が、１８９３年のシカゴ万博でファックスや動く歩道や電力ボートなどがすでに紹介されていたことを伝えました。これがきっかけとなってYouTubeでシカゴ万博の映像を見た人々が、「１８９３年に存在したテクノロジーが20世紀初頭に消えてしまったのは、カバールがそれらの技術を独り占めにして隠したからに違いない。カバールは、すでに開発された技術を小出しにしながら、〝新技術〟を披露するたびに儲けていたのだ！」と、

10月25日から３日連続で全米最大のポッドキャスターのジョー・ローガンと対談したトランプ大統領

3600万人以上の人々がこのポッドキャストを見て、〝関税だけで財政を賄える〟と、信じるようになった後、所得税嫌いの人々＝ほとんどのアメリカ人からトランプ大統領が支持されるようになった

確信しました。さらに、もっと勘のいい人々は、「新技術が一般人の手に渡ることを防ぐために、カバールはシカゴ万博の後に新技術が提示された史実を消し去り、世の中の流れをリセットして、歴史を改竄したに違いない！」と、気づきました。彼らは、ソーシャルメディアでシカゴ万博のビデオを拡散し、カバールが歴史を改竄した！、と信じる人がどんどん増えていきました。

第9章

カバールの悪魔崇拝メッセージに溢れたパリ・オリンピック

◆デイヴィッド・マーカス他、強力なインフルエンサーのトランプ支持発言

7月13日、トランプ大統領の暗殺未遂イヴェント直後にイーロン・マスクがトランプ支持を表明し、マーク・ザッカーバーグがトランプ大統領の勇気を褒めた後、中道派や保守派のみならず、リベラル派の著名人、及びインフルエンサーたちも続々とトランプ支持を公表し始めました。

こうした人々の中で、特に若い層の人々の意見を変えるほどの影響力があったのは、ペイパルの元社長で、フェイスブックのディレクターを務めたこともある、デイヴィッド・マーカスでした。現在は、暗号通貨の会社、ライトスパークのCEOを務めるマーカスは7月31日に、下記の声明文を発表しました。

僕はルビコンを渡り、共和党とトランプ大統領を支持する。

かつての自分も含め、多くの人が自分のアイデンティティとなる精神的な枠組みに囚われ、新しい事実や情報を知っても、考え方を根本的に進化させることができずにいる。僕はついにその状態から解放された。

僕は、以前の選挙での立ち位置から徐々に政治面で方向転換し、180度変わった。それは、幻滅し、生涯貫いてきた信念をゼロにし、そこから再構築するという、目を見張るようなプロセスだった。

2017年、僕は親友に頼まれて、シリコンバレーの創業者や経営者から1億ドルを調達するアイディアを、民主党本部に持ちかけた。その目的は、これらの資金とノウハウを使って有権者の管理システムと技術プラットフォームを構築し、ヒラリー・クリントンの不十分で時代遅れの2016年キャンペーンの二の舞を防ぐことだった。民主党幹部は、資金調達はできるが、集めた資金は選挙活動全般に回し、ハイテク関連の資金には一桁のパーセンテージしか割り当てられない、と言った。彼らは、最も衝撃的な失敗を犯した直後だったにもかかわらず、僕たちの支援を望まなかった。

次の一連の開眼は、僕がMetaに在籍していた2019年、リブラ（フェイスブックの暗号通貨）白書を発表した直後に始まった。僕は上院と下院で証言し、その後かなりの時間をワシントンDCで過ごし、議員、閣僚、規制当局、そして両党の政権と関わった。当時の僕は、まだ、民主党は国民のために尽くすという主流派の考えを信じていた。しかし、ほとんどの場合、共和党のほうが有権者のことをより深く考え、民主党は政府の権力と統制をより重視していることを知り、衝撃を受けた。これは、裏づけとなる多くの事例に基づく、総合的な見解だ。また、より多くの共和党議員が僕たちのプロジェクトの目標を理解しようと努め、支払いの検閲やネットワークのコントロールのリスクについて学ぶために時間を割いていることも分かった。僕は彼らと驚くほど意見が一致していることに気づいた。

そしてコロナウイルスが訪れ、さらに多くのことが明らかになった。僕は、最も悪質なワクチン陰謀論には関与しないが、国立衛生研究所の資金提供を受けている武漢の研究所からワクチンが流出したことや、ワクチンやロックダウンに関するすべての反対意見を隠すために設置された検閲機構には不快感を覚える。その時、僕は、共和党が言論の自由と検閲阻止を重視する理由が完全に理解できた。

民主党の政策を支援するために、別の現実を紡ぎ出し、製造するこの傾向は、主流派メディアの加担によって強固なものとなる。さらに、ハンター・バイデンのラップトップの件や、トランプ大統領とその支持者に対する組織的中傷、バイデン大統領の認知機能低下、そして適切な予備選挙をせずに有権者の声を奪った事実なども重なり、僕ははっきり分かった。これらの例は、現在の民主党指導部の傲慢さを示している。彼らは、アメリカ国民はバカだから、操作された情報を信じると思っているに違いない。私はこのエリート対一般大衆、というイデオロギーを本能的に軽蔑する。

このバージョンの民主党は、穏健派や中道派を排除し、さらに左翼的なイデオロギーを採用している。この左派への流れが民主党のポリシーを決定し、僕はそこから遠ざかっていった。

内政面では、民主党は実力主義というアメリカの核となる価値観から完全に逸脱し、極端かつ武器化された多様性・公平性・包括性重視政策、大規模な不法移民への門戸開放政策を採り、かつては少数派だった「成功者を中傷する方針」が今では主流になっている。このシフトのせいで反イノベーションの規制強化の雰囲気が生み出され、どの国が明日のリーダーとなるかを決定する2つの非線形技術の分野である暗号通貨と人工知能の開発で、アメリカは遅れをとっている。

外交政策では、この政権はウクライナに焦点を絞った攻撃的なNATO拡大のシナリオに沿ってロシアとの緊張を悪化させ、勝ち目のない戦争を長引かせている。これはアメリカの納税者に数千億ドル、世界に数十万人の犠牲をもたらし、米軍の兵器を枯渇させ、第3次世界大戦を引き起こす危険がある。イランに関しては、トランプ政権時代の制裁を解除して、イランを西側諸国に近づけようとするオバマ政権時代の誤った計画を続けて、その結果、イランの独裁政権にテロ資金を提供し、反米、反イスラエル、反ユダヤの政策を追求する能力を与えている。アフガニスタンからの撤退も悲惨だった。アメリカが弱腰の態度を示していることで、中国が台湾を侵略するかもしれない。イスラエル関連のことで、僕にとって最も重要なことは、この政権が、イランがハマスとヒズボラに資金を提供することを可能にし、イスラエルが敵と戦うことを抑制していることである。その結果、新たな紛争を長引かせ、双方の人命が失われ、国内ではかつてないレベルの反ユダヤ主義が台頭している。

僕は、アメリカ、憲法、ビジネス、ビットコイン／暗号通貨、技術革新、イスラエル、小さな政府、合法的な移民、言論の自由、実力主義、良識を明確に支持し、規制拡張、不法移民、不当な戦争、イランの現政権、アメリカの価値観に反対する国内組織に反対する大統領が必要だと考えている。これらの課題は、トランプ大統領の綱領の焦点だ。

当然ながら、僕はトランプ大統領や共和党とはいくつかの問題、特に女性の生殖に関する権利に関しては同意できない。両党に極端な意見が存在することが分かったが、この世論を二分する問題に関して、女性には自分自身で決断する譲れない権利があるはずだと固く信じている。トランプ大統領はアメリカ全土での中絶禁止に反対し、ミフェプリストン（妊娠早期に用いられる経口妊娠中絶剤）使用を認める最高裁判決を支持することを正式に表明した。これは心強いことであり、共和党が中道派に近づいている証しでもある。

トランプ大統領の最近の暗殺未遂に触れずにこの投稿を締めくくることはできない。銃弾に倒れた数秒後に彼が見せた勇気と決意は、彼を支持する者にとっても支持しない者にとっても畏敬の念を抱かせるものだった。たとえ欠点があろうが、彼は、あの瞬間、最も鮮烈な方法でアメリカン・スピリットを体現し、分裂した国家を1つにまとめ始めた男なのだ。

トランプ大統領の再選は民主主義を屈服させると主張する人もいる。しかし、多大な権力を持ち、説明責任を果たさず、選挙で選ばれたわけでもない個人（役人や政府外郭団体の人間）が政府を運営し、さらに4年間国内外で悪政を続けるという選択肢は、より重大な脅威となるかもしれない。どちらもハリス政権になっても変わらないだろうし、悪化する可能性もある。

この極めて重要な瞬間、選択を迫られた僕は、２０２５年に共和党政権への復帰を支持し、支援する。

デイヴィッド・マーカスの正直な告白に共感し、勇気づけられた若い世代の人々が、この後、続々とさまざまなソーシャルメディアでトランプ支持を公表し始めました。

イーロン・マスク、ザッカーバーグ、マーカスというハイテク企業の3大要人がトランプ大統領に関して好意的な見解を公式に発表したことで、それまで〝アンクール〟（不格好、無様）

だと思われていた〝トランプ支持者〟というレッテルが、〝別に悪くない〟と思えるようになったのです。

これは、『裸の王様』で、それまで体裁を気にして本当のことが言えなかった群衆が、真実を言った子供に力づけられて、一斉に本音を吐き出したようなものでした。

マーカスが勇気を出して冷静に自分の意見を吐露した後、それまで周囲の反応を気にして本音を言えなかった隠れトランプ支持者たちが、続々と「いやぁ、実は私もトランプ大統領がけっこういいんじゃない、って思ってたのよ！」と、言えるようになったのです。

◆悪魔崇拝者に乗っ取られたパリ・オリンピック開会式

マーカスの投稿の5日前に行われたパリ・オリンピック開会式も、特に政治に関心がない人々が「何かヘンだ！」と気づくきっかけを提供してくれました。

まず、レオナルド・ダ・ヴィンチの名画、〝最後の晩餐〟をおちょくったLGBTQの人々のパフォーマンス。

イエスの座席に陣取ったバーバラ・ブッチは、肥満体のレズビアンで、フランスのLGBTQコミュニティを代表する女性です。イエスを巨体のレズビアンにすり替えただけでも十分インパクトがありましたが、最後の晩餐のテーブルの上に、全身を青く塗った太めのディオニュソス（ギリシア神話の酒の神）が乗って下品な仕草をしたので、カトリックや福音派のキリスト教徒たちのみならず、ごく普通の人々も唖然としました。

アメリカのバイブル・ベルトの人々が憤慨している最中《さなか》、7月30日に、イランの最高指導者、アヤトラ・アリ・ハメネイ師が、X（旧ツイッター）に、下記の声明文を掲載しました。

「イエス・キリストへの敬意は、イスラム教徒にとって議論の余地のない明確なことだ。我々は、イエス・キリストを含む神聖な宗教の人物に向けられたこれらの侮辱を糾弾する」

これに続き、トルコ、エジプトを含むイスラム教の国々のリーダーたちも、イエス・キリストを侮辱したパフォーマンスを非難しました。

そして、8月3日、ハメネイ師の声明文が掲載されてから4日も経った後に、やっとヴァチカンも重い腰を上げて、下記の文書を発表しました。

「パリ・オリンピックの開会式でのある光景に悲しみを覚え、ここ数日、多くのキリスト教徒や他の宗教の信者に浴びせられた屈辱を嘆く声に賛同せざるを得ない」

これって、〝イエス・キリストに対する屈辱〟とか、〝キリスト教への冒瀆〟などの明確な表現を避けて、やけにあいまいな言い回しの文章だと思いませんか？

オリンピック関係者が、あきらかにキリスト教をおちょくったことを、真っ先に批判したのが穏健派とは言えないイスラム教のリーダーだったことも皮肉ですが、出遅れたカトリックのリーダーが、ＬＧＢＴＱに気を遣いすぎて、奥歯に物が挟まったような言い方しかできない、というのは、さらに皮肉です。

これで、ごく普通の人たちが、ヴァチカンは過度なＬＧＢＴＱ優先主義に汚染されてしまった！、と気づきました。

オープニング・セレモニーで、セーヌ川の水上を走った金属製の馬も、ソーシャルメディアで「ヨハネの黙示録に出てくるペイル・ホース（人間に死をもたらす青白い馬）のメタファーだ！」と話題になりました。そして、福音派を中心としたキリスト教の熱心な信者たちが、「オリンピックの開会式は悪魔崇拝者たち（カバール）に乗っ取られて、マインドコントロールのツールとして悪用されている！」と警告を発し、ポッドキャストでヨハネの福音書を読み上げ、最終的には神が勝つことを力説しました。

念のため、ヨハネの黙示録に関して、かいつまんで説明しておきましょう。

まず、ヨハネの黙示録とは何か。

聖書には、「イエス・キリストの黙示。この黙示は、神が、すぐにも起こるべきことをその僕《しもべ》たちに示すためキリストに与え、そして、キリストが御使《みつかい》を遣わして、僕《しもべ》ヨハネに伝えられたものである」と、記されています。さまざまな災いが襲いかかった後に、イエス・キリス

キリスト教のみならず世界中を啞然とさせたパリ五輪開会式でのLGBTQの人々のパフォーマンス

レオナルド・ダ・ヴィンチの名画「最後の晩餐」をおちょくった場面で、イエスの位置にいるのがバーバラ・ブッチ

フランス革命をモチーフにしたパフォーマンスでは、ギロチン後のマリー・アントワネットが自分の首を持って登場する

トが再臨するまでの過程を描いた預言書です。

次に、青白い馬が出てくるヨハネの黙示録、第6章を見てみましょう。


小羊がその七つの封印の一つを解いた時、わたしが見ていると、四つの生き物の一つが、雷のような声で「来たれ」と呼ぶのを聞いた。そして見ていると、見よ、白い馬が出てきた。そして、それに乗っている者は、弓を手に持っており、また冠を与えられて、勝利の上にもなお勝利を得ようとして出かけた。

小羊が第二の封印を解いた時、第二の生き物が「来たれ」と言うのを、わたしは聞いた。すると今度は、赤い馬が出てきた。そして、それに乗っている者は、人々が互いに殺し合うようになるために、地上から平和を奪い取ることを許され、また、大きなつるぎを与えられた。

また、第三の封印を解いた時、第三の生き物が「来たれ」と言うのを、わたしは聞いた。そこで見ていると、見よ、黒い馬が出てきた。そして、それに乗っている者は、はかりを手に持っていた。すると、わたしは四つの生き物の間から出て来ると思われる声が、こう言うのを聞いた、「小麦一ますは一デナリ（注・一日分の賃金相当）。大麦三ますも一デナリ。オリブ油とぶどう酒とを、そこなうな」。

小羊が第四の封印を解いた時、第四の生き物が「来たれ」と言う声を、わたしは聞いた。そこで見ていると、見よ、青白い馬が出てきた。そして、それに乗っている者の名は「死」と言い、それに黄泉《よみ》が従っていた。彼らには、地の四分の一を支配する権威、および、つるぎと、飢饉《ききん》と、死と、地の獣らとによって人を殺す権威とが、与えられた。

小羊が第五の封印を解いた時、神の言のゆえに、また、そのあかしを立てたために、殺された人々の霊魂が、祭壇の下にいるのを、わたしは見た。

彼らは大声で叫んで言った、「聖なる、まことなる主よ。いつまであなたは、さばくことをなさらず、また地に住む者に対して、わたしたちの血の報復をなさらないのですか」。すると、彼らのひとりびとりに白い衣が与えられ、それから、「彼らと同じく殺されようとする僕《しもべ》仲間や兄弟たちの数が満ちるまで、もうしばらくの間、休んでいるように」と言い渡された。

小羊が第六の封印を解いた時、わたしが見ていると、大地震が起って、太陽は毛織の荒布のように黒くなり、月は全面、血のようになり、天の星は、いちじくのまだ青い実が大風に揺られて振り落されるように、地に落ちた。天は巻物が巻かれるように消えていき、すべての山と島とはその場所から移されてしまった。地の王たち、高官、千卒長、富める者、勇者、奴隷、自由人らはみな、ほら穴や山の岩かげに、身をかくした。

そして、山と岩とに向かって言った、「さあ、われわれをおおって、御座《みくら》にいますかたの御顔と小羊の怒りとから、かくまってくれ。御怒りの大いなる日が、すでに来たのだ。だれが、その前に立つことができようか。

（ヨハネの黙示録、第6章）

この後、小羊が第七の封印を解くと、半時間ばかり天が静かになり、神のみまえに立っている七人の御使に七つのラッパがそれぞれ与えられます。

そして、第一の御使がラッパを吹くと、地上の三分の一、樹木の三分の一、すべての青草が焼け、第二のラッパで、海の三分の一が血になり、海の生物の三分の一が死に、第三のラッパで、にがよもぎという星が落ちて、川の三分の一が苦くなり、人が死に、第四のラッパで、太陽、月、星の三分の一が暗くなり、第五のラッパで、いなごが額に神の刻印がない人を5か月苦しめ、第六のラッパで、四人の天使が人間の三分の一を殺し、生き残った人間は引き続き悪霊、金、銀、銅、石の偶像を拝みます。

最後に第七のラッパが鳴ると、「この世の国は、われらの主とそのキリストとの国となった。主は世々限りなく支配なさるであろう」という大声が響き渡ります。

この後、天で戦いが起きて、サタンが地に投げ落とされ、最後の七つの災いが起きて、大淫婦バビロンが裁きを受けて滅亡し、イエス・キリストが再臨してキリストの１０００年の統治が始まり、サタンは滅びます。

◆〝バビロン〟は連邦準備銀行の代名詞

さて、〝大淫婦バビロン〟は、日本でも世界史の教科書に記されているバビロン捕囚（新バビロニア帝国の王、ネブカドネザル2世が、ユダ王国を攻略してユダヤ人をバビロンに連れて行って捕虜にした）でおなじみの古代メソポタミアの帝国です。聖書では、ここは「汚れた霊の巣窟《そうくつ》で悪魔が住む場所」とされているので、バビロンは大淫婦に例えられています。

また、バビロンは「高利貸しに借金を返済できなかった人々が奴隷になった国」としても知られていて、目覚めた福音派の人々の間では、バビロンは連邦準備銀行の代名詞となっています。

そのため、開会式に青白い馬が登場した後、まだ目覚めていない福音派の人々が「最後は神が勝つ！」と伝え、目覚めた福音派の人々が「この世は遂に最終決戦の段階に突入し、神が勝って、諸悪の根源である連邦準備銀行を潰してくれる！」と説いて、人々に希望を与えました。

それと同時に、保守派のインフルエンサーたちは、「元海軍兵、ウィリアム・〝ビル〟・クーパーが1991年に書いた『ビホールド・ア・ペイル・ホース』を読めば、カバールの手下が政府機関や企業、学校などのあらゆる組織に侵入して、ワン・ワールドを達成しようとしていることが分かる」と、クーパーの著書を推薦しました。

Q支持者たちも、『ビホールド・ア・ペイル・ホース』の第12章の抜粋を載せたQのインテル・ドロップをXやトゥルース・ソーシャルなどで拡散しました。

Qのインテル・ドロップ782を見てみましょう。

まず、第12章「秘密政府」から抜粋された引用部分には、こう記されています。

「政府は犯罪者が使用する軍用銃器の製造と輸入を奨励した。これは、不安感を募らせ、銃規制法案を通過させ、アメリカ国民が自主的に武装解除するように仕向けるためだ。CIAのオライオンというプログラムは、精神病患者に薬物と催眠術を使い、学校で銃を乱射したいという願望を彼らに植えつけ、銃反対ロビーを活性化させた。この計画は順調に進んでおり、今のところ完璧に機能し、中流階級は憲法補正第2条を廃止するよう政府に懇願している」

この後に、『ビホールド・ア・ペイル・ホース』と著者の紹介文が添えられています。

「元米国海軍情報部ブリーフィング・チーム・メンバーのビル・クーパーが、世間の目から隠されたままの情報を暴露する。これらの情報は1940年代以来、政府の極秘ファイルに保管されてきた。ジョン・F・ケネディ暗殺、麻薬戦争、秘密政府、UFOについて彼が書くとき、聴衆は真実を知ることになる。ビルは明晰で、理性的で、パワフルなスピーカーで、彼の目的は聴衆に情報を与え、力を与えることにある。彼のレクチャーはいつも満席で立ち見席しか残っていない。彼のプレゼンテーションと情報は党派を超え、あらゆる背景や関心を持つ聴衆に強いインパクトを与える方法で問題を明確に解説している。彼は全米の多くの組織で講演し、多くのラジオ・トークショーやテレビにレギュラー出演している。１９８８年、１９７０年代初頭に彼が予見していた出来事が次々と実現したため、彼は「話す」ことを決意した。ビルは鉄のカーテンの崩壊、ベルリンの壁の崩壊、パナマ侵攻を正確に予言した。ビルの予言はすべて、事件が起こるかなり前に記録されていた。ビルは超能力者ではない。彼の情報は、彼が情報ブリーフィング・チームにいたときに読んだ極秘文書と、17年以上にわたる研究から得たものである」

ソーシャルメディアでこのインテル・ドロップを読んだ人々が、独自にネット検索をして、クーパーが、２００１年6月28日に、「オサマ・ビン・ラディンはＣＩＡが作り上げた工作員で、アメリカ政府は戒厳令を敷くためにテロを起こして、オサマに罪をなすりつける」と、予言した人物だったことを知りました。

実は、ビル・クーパーは、すでに目覚めた人々からはトゥルース・テラー（真実を告げる人）として尊敬されていました。しかし、開会式でペイル・ホースが話題になったおかげで、それまで眠っていた人々も彼の存在を知ることになり、彼の著書は、夏から秋にかけて、アマゾンの複数のカテゴリーで1位にランキングされ、さらに多くの人々が目覚め始めました。

◆Qのフォロワーは開会式はホワイト・ハットの〝目覚まし作戦〟と確信

また、開会式でフランス軍の兵士がオリンピックの旗を逆さまに掲げたことも、ソーシャルメディアで話題になりました。

逆さまに掲げられたアメリカ国旗は、救難信号、あるいは、抗議のシンボルなので、目覚めたアメリカ人の多くが「フランス軍もカバールと戦っている証拠だ！」と、解釈しました。

難病にかかって苦しんでいたセリーヌ・ディオンが久々に表舞台に登場したことも大きな話題になり、彼女が3年前に立ち上げた中性子供服の不気味なCMが再び話題になりました。囚人服や精神病院の拘束服を連想させるデザインや、頭蓋骨をあしらった不気味な柄のコレクションは、子供を奴隷化するマインドコントロールの一環としか思えないので、「セレブはカバールの世論操作工作員だ！」と、気づく人が続出しました。

彼女の病名は〝スティッフパーソン症候群〟で、日本語のウィキペディアには、「非常に稀な進行性の神経性疾患で、自己免疫疾患の一種。筋肉を弛緩させるための神経系統がうまく働かず、痛みを伴う体の硬直や筋痙攣を起こし、音や接触などの体感によって症状が誘発、悪化する」と記されています。

stiff personは「こわばった人」という意味で、スティッフは名詞で使われる場合は、「死体」という意味にもなるので、ソーシャルメディアでは「彼女はすでに死んでいて、開会式で歌ったのは替え玉の口パクかもしれない！」、「クローンじゃないのか？」、「ホログラムかも！」などのコメントが飛び交いました。

レディ・ガガの身体の変貌も、ソーシャルメディアで大きな話題になりました。

特に音楽が好き、という人以外の普通の人々がレディ・ガガの姿を目にしたのは、偽バイデンの偽就任式以来、3年半ぶりでした。2021年1月には、どちらかと言えば痩せていたレディ・ガガの体型が、開会式のセレモニーではムッチリと太って、肩幅も顔の幅の3倍にまで広がっていました。

ごく普通の人は、この変わり果てた姿に単に驚き、目覚めた人々の間では『本物は偽バイデンの偽就任式の時に逮捕されて投獄され、その後、公の場に出てきたのは替え玉だろう！』という替え玉説が再燃しました。

さらに、フランス革命をモチーフにしたパフォーマンスでは、ギロチン後のマリー＝アントワネットが自分の首を手に持っているシーンがフィーチャーされていたことで、オバマのポートレイトを描いたケヒンデ・ワイリーが、切断された頭部を振り回す女性の絵画を描いていたことが再び話題になりました。これがきっかけとなって、5月にワイリーが婦女暴行で訴えられたニュースに、あらためてスポットライトが当たり、「アーティスティックと呼ばれる人間は、どうしてこんなに悪趣味なんだ?」と思う人がどっと増えました。

しかも、閉会式の直後、停電でパリが真っ暗になった最中《さなか》、モンマルトルのサクレ・クール寺院がライトで照らされていたので、信心深い人々が、「イエス・キリストを冒瀆したセレモニーに対する神の怒りで停電になった!」と、神の威光をアピールしました。

『カバールの正体』でも書いたことですが、カバールの連中はカーミック・リトゥリビューション(因果応報)を恐れているので、「自分は罪を犯していない」と見せかけるために、これから犯そうとする罪を映画やテレビ番組などを通じて必ず事前に公表します。罪を予告することで、「教えてやったのに、抵抗せずに、自らの意思でカバールの犯罪行為を受け入れたお前たちが悪い」と、罪を私たちになすりつけられる、と信じているからです。

カバールの手口を理解している人々は、青白い馬やフランス革命のシーンを見て、「カバールが世界中で内戦や暴動や革命を起こして、遂にこの世に終焉をもたらそうとしている!」と思いました。そして、彼らは、ソーシャルメディアで、「ロンドン・オリンピック開会式の看護婦、ベッドに横たわる子供の患者、死に神のパフォーマンスはパンデミックの予告で、聖火の映像はコロナウイルスの予告だったことを思い出せ!」と、シープルたちに警告を発しました。

しかし、Qのフォロワーたちは、フランス軍がオリンピックの旗を逆さまに掲げたことや、サクレ・クール寺院だけが照らされていたことで、「開会式は凡人にショックを与えて目覚めさせるためにホワイト・ハットが仕切った演出だった！」と、確信しました。世界中が見守るシーンで軍隊がミスを犯すはずがないし、世界中から要人が集まっている最中に停電を許すほど、パリの関係当局が無能なはずがないからです。

旗を逆さまに揚げたのは、バイデン就任式で兵士たちが祝砲の代わりに葬儀の際に打つ大砲を使ったのと同じで、軍部がさりげなく分かる人だけに合図をしたのです（詳細は『カバール解体大作戦』参照）。

サクレ・クール寺院の照明が消えなかったのも、奇跡や偶然ではなく、地球のすべての配電網をホワイト・ハット（トランプ大統領が設立した宇宙軍と協力関係にある世界中の軍隊）がコントロールしている証拠だ、と、完全に目覚めた人々は信じました。

開会式のセレモニーだけでも、十分なお目覚め活動と言えましたが、開会式の3日後、さらに多くの人々を目覚めさせる出来事が起こりました。オリンピック委員会がYouTubeからセレモニーのビデオを削除した上、セレモニーのビデオをソーシャルメディアに載せた人々に「著作権侵害だから削除しろ！」と、脅迫状めいた最後通告を送り、これがネット上で大きな話題になったのです。

英語では、大昔から、It's not the crime, it's the cover-up.「（有罪判決を招くのは）犯罪行為自体ではなく、犯罪の隠蔽工作だ」と言われていますが、オリンピック委員会は、まさにこの名言通りの愚行でした。

いくら一般大衆から批判されようが、黙っていれば忘れ去られたであろう失態を、下手な隠蔽工作をしたせいで、かえって失態の話題が長引いて、さらに大きな問題になってしまったのです。

ＬＧＢＴＱ対キリスト教、という観点から、セレモニーを批判していた保守派と、保守派の批判を逆に〝差別発言〟として非難していたリベラル派の闘いは、別に今に始まったことではないので、放っておけばいつのまにかオールド・ニューズになって話題性がなくなっていたでしょう。しかし、オリンピック委員会が検閲を始めたことで、ＬＧＢＴＱを熱心に応援しているわけでもなければ、宗教心もないどっちつかずの人々（アメリカ人の3割強）が、言論の自由という立場からこのトピックに興味を示しました。その結果、ネット上の検閲に関する話題が再燃して、グーグル、フェイスブック、YouTube などの情報操作に再び焦点が当たってしまいました。

一方で、Ｑのフォロワーたちは、「オリンピック委員会広報部に情報操作のスペシャリストがいないはずがない。あからさまな隠蔽工作は、シープルを目覚めさせるための作戦で、ホワイト・ハットがオリンピック委員会を操縦している証拠だ！」と信じて、胸をなで下ろしていました。

◆理不尽、不公平さが話題になった女子ボクシング

トランスジェンダーのボクサーが女性ボクサーを簡単に打ち負かしたことも、LGBTQを異常に優遇するカバールの政策がいかに理不尽なものであるかを、シープルに気づかせるきっかけになりました。

実は、アメリカでは、数年前から、高校・大学の陸上競技や水泳で、トランスジェンダーの女性（女性ホルモン投与を受けている人もいれば、単に女性だと自認しているだけの人もいる）が女子選手を負かして圧勝するケースが目立つようになっていました。しかし、これはアンフェアだ、と文句を言った女子選手がバッシングを受けることが多かったため、ごく一部の人を除いては、みんな黙りこくっていました。

また、個人のアスリートが単に早さを競う陸上競技や水泳では、男性体型の選手と女子選手が並んで走る・泳ぐ姿が映し出されるだけなので、女子が負けても、「やっぱり男性体型の人

は強い！」と、当たり前のことを再確認するだけです。そのため、負けた女子選手に同情したのは、過去に陸上競技や水泳をやっていた経験を持つ女性や、スポーツをやっている娘を持つ親ぐらいのものでした。

それに引き換え、ボクシングは、言わば殴り合いのけんかのようなものなので、明らかに男性の骨格、顔つき、体型の人間が、女性をぶん殴るシーンは、見るからに痛ましく、ごく普通の神経を持った人々は、「こんなアンフェアな闘いは見ていられない！　もしバーや道ばたで、こんなシーンが繰り広げられたら、誰もが男尊女卑の暴力だと受け止めるだろう！」と、思いました。

オリンピックという華々しい舞台で展開されたトランスジェンダー女子vs本物の女子のボクシングは、トランスジェンダー女子の女子スポーツ参加がいかに理不尽で不公平なものかを、ヴィジュアルにハッキリと見せつけてくれました。水泳や陸上競技では明確に見えなかった理不尽と不公平が露呈したので、ハリー・ポッターの著者、ＪＫローリングやイーロン・マスクが、生物学的に男性であるトランスジェンダーの選手を女子スポーツに参加させることを批判するコメントを発しました。

数年前だと、こうしたコメントはツイッターやYouTubeで〝ヘイト・スピーチ〟、差別発言扱いされて激しいバッシングを受け、発信者が自主規制して、一段落つく、という流れでし

生物学的に男性が疑われる選手にぶん殴られて、わずか46秒で棄権したイタリアの女子ボクシング選手アンジェラ・カリニ。イタリア首相メローニはＩＯＣを激しく批判した

『ハリー・ポッター』のJKローリングスやイーロン・マスクなど多くの著名人が「理不尽」と「不公平」に抗議

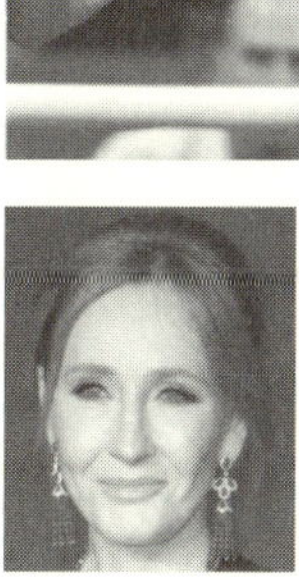

JKローリングス

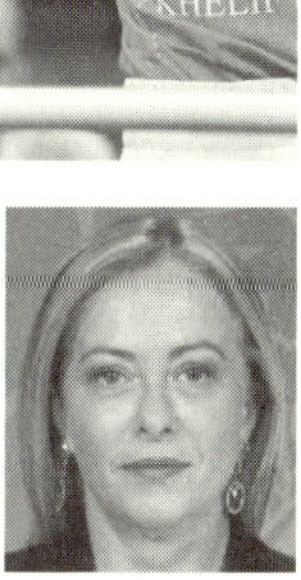

メローニ伊首相

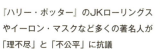

た。しかし、今では、トランプ大統領お墨つきのトゥルース・ソーシャル、イーロン・マスクが仕切るX（旧ツイッター）を筆頭に、ギャブ、パーラー、ゲッター、ランブル、ビットシュート、ブライテオンなど、言論の自由を重視するプラットフォームが力をつけてきたので、カバールが押しつける異様な価値観に反対するコメントが、しっかり拡散されるようになりました。おかげで、トランスジェンダーの女性が女子スポーツに参加することに反対している人の意見がソーシャルメディアを席巻し、数年前までは〝差別主義者〟というレッテルを貼られて迫害されていた彼らが、自分たちこそが絶対的な多数派であることを肌身を持って実感したのです。

◆閉会式に登場したゴールデン・ヴォヤジャー

閉会式のゴールデン・ヴォヤジャーのパフォーマンスも、〝悪魔崇拝っぽすぎる！〟とネット上で話題になりました。

黄金の衣装をつけたパフォーマーが、暗闇の中、上から降りてきて、会場が煙に包まれた後、ライトが照らされて、奇妙な動きでパフォーマンスをして、サモトラケのニケが登場し、顔も含めて全身灰色の布に包まれた群衆の群舞の後、人間ピラミッドのようなものを作り、その上にゴールデン・ヴォヤジャーが君臨して、パフォーマンスが終わります。

サモトラケのニケは、首がないので、これまた〝首切り〟のテーマに即しています。ニケは、ギリシア神話の勝利の女神で、英語読みはナイキ。スポーツ・ブランドのナイキは、この勝利の女神に由来します。

読売新聞オンラインは、このパフォーマンスを、こう説明しています。

セレモニーのショーでは、きらびやかな黄金色の衣装に身を包んだキャラクター「ゴールデンボイジャー」が上空から現れた。

「ゴールデンボイジャー」は、フランスの歴史的遺産にちなんだキャラクター。1977年に宇宙へ打ち上げられた無人探査機「ボイジャー」の積んだゴールデンレコードから着想を得たという。ボイジャーのレコードには、知的生命体との遭遇に備え、地球の音楽や言語が録音されている。

オリンピック関連サイトは、こう説明しています。

空から黄金のボイジャーが現れました！　このキャラクターは、「バスティーユの魂」などフランスの歴史からインスピレーションを得ています。

アメリカでオリンピックを独占中継しているNBCのサイトには、「このキャラクターは、バスチーユの魂と、自由の霊（別名、バスティーユの霊）をモチーフにしてクリエイトされた」

と書かれています。

バスティーユの魂は、次ページの写真を見てください。

自由の霊（バスティーユの霊）は、フランス革命を記念して作られた金色の像で、バスティーユ広場にあります。

別に何も考えずに見ていれば、「ふ〜ん。そうなんだぁ」とか思って、終わるだけでしょう。

でも、開会式のアンチ・キリスト教っぽいパフォーマンスがあまりにも大きな話題になったおかげで、多くのキリスト教徒たちが、下記のことに気づきました。
●空から落ちてくる様子は、堕天使、ルシファーに似ている。
●ゴールデン・ヴォヤジャーの顔のつくり、頭部のアンテナ、腰骨の格好などは、いなごに似ている。
●パフォーマンスの動き方もいなごっぽい。
ルシファーは、悪魔のことで、ラテン語で「明けの明星、光を掲げる者」を意味します。イザヤ書第14章に、「黎明の子、明けの明星よ、あなたは天から落ちてしまった」と記されています。

いなごは、出エジプト記で、神がファラオを罰するための災難の1つとしても重要な役割を果たしていますが、ヨハネの黙示録第9章にも登場します。聖書の記述を見てみましょう。

閉会式で登場した「ゴールデン・ヴォヤジャー」も悪魔崇拝っぽいと大きな話題になった

造作も動きもイナゴに似ていたゴールデン・ヴォヤジャー

バスティーユの魂
マックス・エルンスト作、
1960年

バスティーユ広場にある
自由の霊（バスティーユの霊）
オーギュスト・デュモン作、1836年

第五の御使が、ラッパを吹き鳴らした。するとわたしは、一つの星が天から地に落ちて来るのを見た。この星に、底知れぬ所の穴を開くかぎが与えられた。そして、この底知れぬ所の穴が開かれた。すると、その穴から煙が大きな炉の煙のように立ちのぼり、その穴の煙で、太陽も空気も暗くなった。その煙の中から、いなごが地上に出てきたが、地のさそりが持っているような力が、彼らに与えられた。彼らは、地の草やすべての青草、またすべての木をそこなってはならないが、額に神の印がない人たちには害を加えてもよいと、言い渡された。彼らは、人間を殺すことはしないで、五か月のあいだ苦しめることだけが許された。彼らの与える苦痛は、人がさそりにさされる時のような苦痛であった。その時には、人々は死を求めても与えられず、死にたいと願っても、死は逃げて行くのである。これらのいなごは、出陣の用意のととのえられた馬によく似ており、その頭には金の冠のようなものをつけ、その顔は人間の顔のようであり、また、その髪の毛は女の髪のようであり、その歯は獅子の歯のようであった。また、鉄の胸当のような胸当をつけており、その羽の音は、馬に引かれて戦場に急ぐ多くの戦車の響きのようであった。その上、さそりのような尾と針とを持っている。その尾には、五か月のあいだ人間をそこなう力がある。彼らは、底知れぬ所の使を王にいただいており、その名をヘブル語でアバドンと言い、ギリシヤ語ではアポルオンと言う。

（ヨハネの黙示録、第9章）

いなごは、思いっきり世紀末の象徴です！

ロシアの外務省広報官、マリア・ザハロワも、こうコメントしました。

「明らかな悪魔主義。パリ・オリンピックの開会式もひどかったが、閉会式はさらに輪をかけてひどい。フランスはオリンピックをフル活用してくれた。ハッキリと見える。堕天使が人々をゾンビに変え、人類を服従させる時が迫っているということだ」

ザハロワのコメントは、さまざまなソーシャルメディアで引用され、多くの人々が彼女の意見に共鳴し、聖書を知る人々と多くのキリスト教徒が、ゴールデン・ヴォヤジャーも、やはり世界の終焉を招き入れるためのパフォーマンスだ！、と確信しました。

最後の晩餐のパロディが大きな話題になったことで、それまでは単なるアーティスティックなパフォーマンスとして受け止めてきた大半のキリスト教徒たちが、急に真実に目覚めたのです。

最後の晩餐がスキャンダラスなトピックとなったことが布石となって、目が肥えた、見る目ができた、ということでしょう。

これは、ずっとグレーの車に乗っていた人が、ブルーの車に買い換えたとたんに、急に運転中に他のブルーの車に気がついて、「え、ブルーの車って、こんなに多かったんだぁ！」と、開眼ものの体験をするのと似ています。

4年に1度しか開かれない希少価値があるイヴェントだったからこそ、人々の注目を集め、目覚ましイヴェントとして役立った、と言えそうですよね。

◆ジョー・ローガンのポッドキャスト

オリンピックが目覚まし作戦としていかに役立ったかを示す最良の証拠は、ジョー・ローガンのポッドキャストでした。

ジョー・ローガンは、UFC（総合格闘技の団体）のテレビ番組でコメンテイターを務めていた元コメディアンで、アメリカで最も人気のあるポッドキャスターです。毎日3時間、ローガンがタイムリーなトピックに関して好き勝手にしゃべりまくる〝ジョー・ローガン・エクスペリエンス〟は、YouTube でライブストリームされるオリジナルのショーだけでも1700万人以上のサブスクライバー（登録者）がいます。これは、3大ネットワークの夜のニュース平均視聴者数（ABC：700万人、NBC：650万人、CBS：500万人）の総数（1850万人）に匹敵し、ケーブル・ニューズのプライムタイム・ニュース平均視聴者数（CNN：

83万人、MSNBC：88万人、FOX：210万人、Newsmax：12万人）を遥かに上回る数です。

ローガンの忌憚のないコメントは、彼のファンが随時ソーシャルメディアに載せる他、さまざまなポッドキャスターやリベラル派、保守派のインフルエンサーに頻繁に引用されるので、ローガンはトランプ大統領にインタビューをしたイーロン・マスクや、プーティン大統領にインタビューをしたタッカー・カールソンと同じぐらい影響力のある人物です。

そのローガンが、オリンピック開会式の異常なセレモニーに呆れかえって、ポッドキャストでこうコメントしました。


オリンピックは大がかりな詐欺だ。世界最高のアスリートたちがそれぞれの競技に参加する一方で、巨額のカネが投入されてるけど、そのカネはアスリートにはいかない。大規模な詐欺だよ。ドラッグ・クイーンとか最後の晩餐とか、俺たちには理解できない、というか、誰にも理解できない馬鹿げたセレモニーを作り上げた連中が、カネを全部横取りしてるんだよ。奴らは、ブラジルとかに行って、それぞれの競技のためのアリーナとか巨大な建物を造って、（オリンピックが終わった）後は何も起こらない。地元の貧しい人たちは、〝カネはどこに行ったんだ？〟と、思うわけさ。〝なんで地域社会のために使わなかったんだ？　バレーボールのためにこんなにカネをかけたくせに！　地元の住人を助けるよりも、バレーボールのほうがそんなに重要なのか?〟ってね。ヘンだよな。奴らは天文学的な額のカネを稼いでる。オリンピックは、テレビの放映権とか宣伝広告で何十億ドルものカネを稼いでる。カネを手にした連中が、トランスセクシュアルの人間を使った最後の晩餐を演出したんだ。イエスの席に座って、イエスの役割を演じた女性は、自分はオリンピックのイエスだ、と言ってた。イエスの席に座って、後光の飾りをつけて、芸術家ぶって楽しんでたんだ。(中略)
ボクシングでは、トランスジェンダーの選手が2人、女子ボクシングに女性として参加してる。どうなってるんだ! あり得ないぜ。(中略)
奴らは、境界線をぼかして、男がみんな女子スポーツで競技できるようにして、男がすべてを支配できるようにしてるんだ。だからタイトル9(LGBTQの人々が自認する性別のスポーツに参加できる、とする制度)を作ったんだ。男子と女子が別々にスポーツをするのはちゃんと理由があってのことだ。フェアじゃないからだよ。総合格闘技が重量別になってるのと同じだ。フェアにするためだ。

デイヴィッド・ニーノ・ロドリゲスや、マイケル・ジェイコなどの保守派インフルエンサーたちは、何年も前からトランスジェンダーの〝女性〟が女子スポーツに参加することを批判していました。しかし、元ボクシングのヘヴィー級チャンピオンで、身長2メートルのニーノや、元海軍特殊部隊員で身長1メートル90センチのジェイコがトランスジェンダーの女性を批判すると、男尊女卑の極みにように見られてしまうことが多く、保守派の中にも彼らの正当な意見に公の場で同調できずにいる人がたくさんいました。

それに比べて、ローガンは、どちらかというと保守派ではあるものの特に政治的な嗜好がハッキリ見えるわけではなく、もともとはコメディアンだったので、世論を二分するような話題でも、おもしろおかしく軽く流す感じで話すことができます。そのおかげで、彼のこのコメントは、あっという間にネット上を席巻し、多くの人々から共感を得ました。

前出のマーカスの投稿同様、ローガンのオリンピック開会式批判には、〝裸の王様〟の無邪気で正直な子供の発言と同じインパクトがあり、それまで本心を公言できずにいた隠れトランスジェンダー反対派の人々が、その後、一気に本音をぶちまけるようになりました。

そんな中、トランプ大統領も、トランスジェンダーのボクサーが女子ボクサーを殴る映像に添えて「私は、男を女子スポーツから閉め出す！」と、トゥルース・ソーシャルに投稿し、スポーツをやっている娘を持つ中道派の親たちからも支援を得るようになりました。

さまざまな記録を更新したアスリートたちの活躍もさるものながら、パリ・オリンピックは、過剰なＬＧＢＴＱ優遇政策を見直すきっかけを与える〝目覚まし作戦〟の一環としても効果を発揮したのです。

トランスジェンダーのボクサーの話題がネット上を席巻した最中の8月3日、ネットフリックスで、ジョー・ローガンのコメディ・スペシャルのストリーミングが始まりました。過剰ウォウクなアメリカ社会をおちょくったジョークが大受けして、ローガンのショーはオープニングの週にストリーミング・ランキングの1位を獲得し、その後も上位に居残りました。

特に笑えたジョークをいくつかご紹介しましょう。

まず、ジョー・ローガンがワクチン接種を拒否したせいで、激しいバッシングを受け、コロナウイルスに感染後、イベルメクチンで治ったことをネタにした自虐的なジョークから。

「コロナウイルスで人生が変わったよなぁ。コロナのせいで、たくさんの人（友達や視聴者）がいなくなった（原語は lost で、ロストには、死んだ、という意味もある）。彼らのほとんどは生きてるけど。コロナの前は、俺は、〝ワクチンは人類の歴史の中で最も重要な発明だ〟って話を信じてた。コロナの後の俺は、〝月面着陸も嘘だったんじゃねぇか？〟、〝ミシェル・オバマはペニスを持ってると思う〟、〝ピザゲイト（ヒラリーやオバマや有名芸能人が子供とセックスしてアドレノクロームを飲んでいる）は本当だろう〟、って感じになった。――いやいや、ミシェル・オバマがペニス持ってる、ってのは冗談だよ。――それ以外はマジだぜ」

次は、アンチ・ウォウクな態度を貫いていることで、メイン・ストリームのメディアや、テレビでおなじみのカルチャー評論家から、男尊女卑、人種差別主義者、と批判されていることに関するジョークを見てみましょう。

「フォックス・ニュースが、〝ジョー・ローガンがアンチ・ウォウクなコメディ・クラブを作った〟って報道してた。えっ？　それって、普通のコメディ・クラブのことかい？　って、思ったぜ。肉を出すステーキ・ハウスが出来た、とか言ってるのと同じだろ。

俺が子供の頃は、ハロウィーンにヒットラーの仮装をしても誰も驚かなかった。俺は1967年生まれだ。俺は、ハロウィーンでヒットラーになったことはないけど、当時は子供たちがヒットラーにもなれたんだ。ユダヤ系の家族の家にヒットラーの格好で行っても、出迎えたおばさんが平然と笑顔で、〝あら、まぁ、かわいいヒットラーちゃん！〟って言って、子供の頭をなでて、キャンディーをくれた。みんな、小さな子供が本物のヒットラーのわけがない、って知ってたからさ。ヒットラーはもう死んでて、子供は4歳なんだから。子供をヒットラーと間違えて憤慨するなんてバカげてて、あり得ないだろう。

若い連中がウォウクになる理由は分かるよ。大人の世代が社会をダメにしたから、共産主義を試してみよう！　ってことだろう？　それと、仲間はずれにされたくない、っていうことだよね。みんな1つのチームに帰属したいんだ。人間ってのは、部族意識が強いからな。アメリカには2つのチームがある。左派と右派だ。無所属ってのはイヤなんだろ。バーで1人で座って、〝唯一の合法的な通貨は金だ！〟とかつぶやいてる奴さ。――俺のことだよ！――ま、とにかくみんなチームに所属したいのさ。で、左派はこう言う。健康保険は基本的人権だ！――俺も同感！　教育は無料で施されるべきだ！――賛成するぜ！　男性も妊娠できる！――バカ言うな！――それってセット販売か？　全部に同意しなきゃいけないのか？

3つ目の主張は、いったいどうやって入り込んだんだ？　気がつくと、携帯電話に妊娠してる男の絵文字がちゃんとある！　異性愛の男性の客は、知らなかったんじゃねぇか？　ま、俺も含めて異性愛の男性ってのは、もうほとんど残ってねぇけどな。で、テキスト・メッセージで〝リンゴ〟って打つと、リンゴの絵文字が出てくるのと同じで、〝妊娠〟って書くと、妊娠した男の絵文字が出てきたりするんだ。オドロキだぜ！　俺は別にけんかを売ってるわけじゃないよ。俺はトランスジェンダーの人たちの権利を推してる。俺は自由と愛の信奉者だ。でもさ、なんらかの基準があってもいいんじゃねぇか？

ロー対ウェイド（アメリカ全土で中絶権を認めた判決）を覆した判決に対する抗議デモ、見たかい？　胸毛が見えるドレスを着たひげ面の男が、「あたしのワギナに法律を持ち込むな！」って叫んでる。トランスジェンダーをバカだと見せるために、右翼が女装して芝居してるとしか思えないぜ。仕込みじゃねぇのか、って感じだよな。

カリフォルニアじゃ、女子刑務所に47人のトランスジェンダーの女囚がいる。実際は、生物学的には男なんだけどね。

こういう状況って、中国がTikTokで作り上げたんじゃないか？」

この後、ローガンは、中国の褒め殺しジョーク、不法移民乱入にネタを切り替えます。

「中国ってすっごい国だぜ。あらゆる物を発明してる。4000年の歴史があって、紙、火薬、ロケット、麺、カンフー、TikTok、いろんなもんを発明したんだ。――コロナウイルスもか？

携帯電話も中国製だ。アメリカの敵が携帯電話を作ってるのさ。アメリカには電話が作れるような人材がいないってことか？

移民はどうなんだ？　リオ・グランデを横切ってアメリカに入って来るほどの根性がある奴は頼もしいんじゃないか？　こういう野心がある連中なら、どんな仕事でもこなしてくれる！　労働組合なんか作らないさ。超過勤務って言葉さえ知らないだろう。こういう移民は、ひ弱なリベラル派より、やる気があるに違いない。アメリカを再びグレイトにしようぜ！

俺はマジで中国が心配だ。米軍基地の周辺の土地を買いあさってる。ありえないぜ。

肉体展示博物館ってのがあるんだけど、知ってるかい？

ペニスとかくっついたままの、皮を剝ぎ取った死体が、いろんなゲームやスポーツをやってる姿勢にしたものを展示してる博物館なんだ。マジで実在するんだぜ。科学のためってことで。

ペニスが見え見えの死体が、やり投げとかポーカーとかやってるんだよ。こんなものが普通の家の地下室に置いてあったら、『サイコ』の世界だぜ。科学目的の博物館だから許されてるんだけど、あり得ない光景だ。

俺は3度、この展示館に行ったんだけど、死体の顔がみんなアジア系なんだ。それで、死体はいったいどこから手に入れたんだろう、って、不思議に思ってね。グーグルで検索してみたら、〝中国の引き取り手のない死体で、政治犯も含まれているかもしれない〟、ということだった。〝引き取り手のない死体〟の定義は、死後30日経っても引き取り手が現れない死体のことだ、と説明されてる。でも、死体をスポーツとかやってる姿勢に固定するプロセスは、死後48時間以内に完了しなくてはならない、とも書いてあるじゃないか！　俺は計算が苦手なんだけど、30日と48時間、って、計算が合わないよな。肉体展示ってのは、殺人博物館ってことさ。

俺がコロナで死んで、この博物館に展示されたら、ジョークになるよな」

最後は、ＬＧＢＴＱや非白人に少しでもネガティヴなことを言う人たちが、村八分にされる傾向をおもしろおかしく批判したネタを披露しています。

「レズビアンが作り物のペニスをストラップで股に固定して、自分が男になったつもりでいる、ってのもヘンだぜ。ライターで火を点《つ》けて、〝俺は火を噴くドラゴンだ！〟って言ってるのと同じだ。

日本では「人体の不思議展」という名で知られた「Body Worlds展」

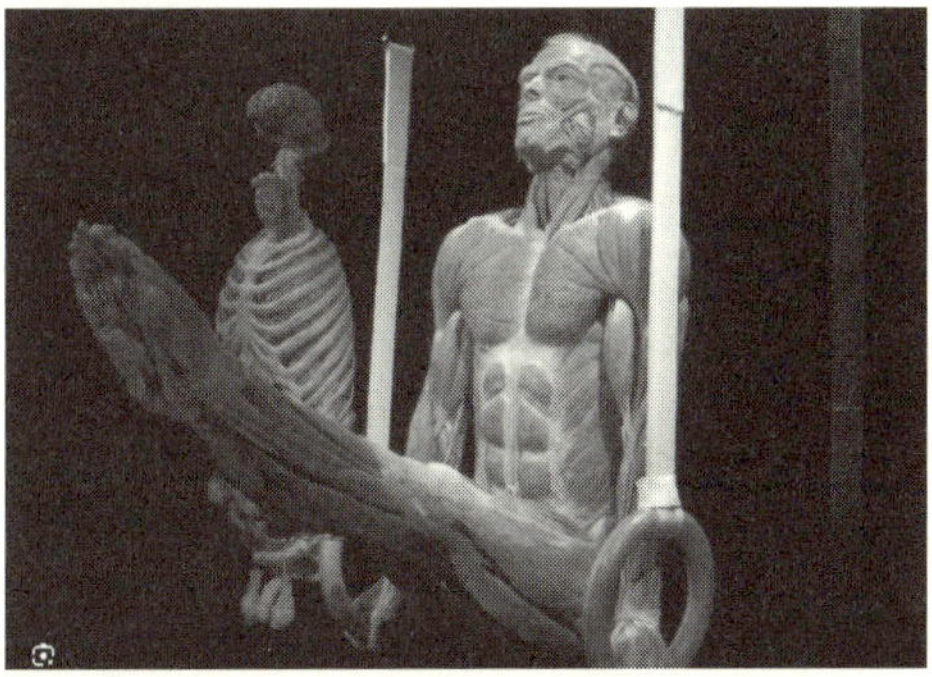

俺もゲイだったら、こういうネタを平気でやれるんだろうな。LGBTQの連中は同等の愛を要求してる。同等の愛がほしいなら、同等のジョークも受け入れろよ。

俺はホモ恐怖症じゃないぜ。ゲイの男も好きだ。っていうか、ゲイの男に対する俺のスタンスは、山猫に対するスタンスと同じだ。存在価値は認めるが、大接近は避けたい。俺自身はゲイじゃないから、勘違いされて迫られたくないからな。

ゲイのDNAってのがあって、生まれながらのことなんだ。

DNAってのはヘンなもんだよな。DNA検査によると、俺は1・6％黒人なんだけど、このパーセンテージじゃ、Nワード（＝ニガー、黒人同士では愛着ある表現として使われるが非黒人が使うと差別用語として糾弾される）は口にできない。その昔、俺はリチャード・プライアー（ニガーという単語を頻発した黒人コメディアン）のジョークをよく引用した。それを集めたビデオがYouTubeに載って、俺は人種差別主義者だ、って、ネット上でも散々批判された。ただ引用しただけなのに。

知ってるか？　ツイートの90％は、ツイッター利用者の10％が発信してるんだ。こいつらは100％知恵遅れだ。

知恵遅れって言葉も差別用語だな。俺はNワードは絶対に使わないけど、〝知恵遅れ〟は使ってる。これは偽善じゃない。ちゃんと理由があってのことだ。知恵遅れの連中より、黒人のほうが全然怖いからだよ」

これらの社会風刺が効いたジョークは、ソーシャルメディアやオンライン・ニュース、情報サイトでも引用されて、大きな話題になり、中道派の人々がどんどん目覚めていきました。

オープニングからエンディング・タイトルが終わるまでの時間が1時間7分だったので、Qのフォロワーたちは、「Qはアルファベットの17番目。17＝Qだから、ジョー・ローガンはホワイト・ハットの仕込みかもしれない！」と、ほくそ笑んでいました。

あとがき

私がこの「あとがき」を書いている最中も、トランプ大統領は次々に閣僚を指名していますが、マルコ・ルビオのようなネオコンが指名されても嘆く必要はありません。ルビオがトランプ側に本当に鞍替えしたのだとしたら、過去のトランプ批判を根に持つことなくルビオを受け入れるべきです。逆に、もしトランプ派を装っているだけで実はまだカバールの手下のままなのだとしたら、上院議員のままだと次の選挙で負かすまで待たなければなりませんが、閣僚にすれば解雇できるので、ルビオ昇格には利点があります。

イーロン・マスクがリードすることになったDepartment of Government Efficiency 政府効率化省の略語はDOGEなので、マスク指名後、マスクが10年前から推していた暗号通貨DOGEコインが急に売れ始めました。

この数日前、Qの生みの親だと思われているフリン中将が、「イーロン・マスクはすべてのデジタル兵士たちの最高司令官だ」とツイートして、不法入国者や連邦準備制度、選挙不正に関する真実を拡散し続けたイーロン・マスクを絶賛しました。

イーロンも、Xで真実を伝え続けたデジタル兵士たちを褒めて、You are the media now.

「今はもう君たちがメディアだ」（フェイクニュースはもう誰も信じていない）と、Qのお気に入りの一言 You are the news now.「君たちがニューズ（報道機関）だ」と同じことをツイートしました。しかも、選挙の前日には、エンディングでPATRIOTのOがQに変わるトランプ大統領のプロモーション・ビデオを拡散し、選挙日には Warlock shield activated！「魔法使いのシールド作動！」と、QがNSAや宇宙軍のサイバー担当者のニックネームとして使っているウォーロック（魔法使い）という単語を使った投稿をし、トランプ勝利後は、大統領執務室に流し台（スィンク）を持ち込む合成写真に、またまたQのお気に入りの一言、Let that sink in.「そのスィンクを入れさせろ／それ（トランプの勝利）を噛《か》みしめろ」というキャプションを添えた投稿を拡散しました。

Qは、「いくつ偶然が重なると数学的に不可能になるのか？」と言っていますが、この一連の投稿でQが一般化したのは、単なる偶然ではなく、イーロンがQの大覚醒作戦と連動していることの証拠だ、と、Q支持者は確信しています。

Q支持者の中には、DOGEコインも、連邦準備制度を潰すためにホワイト・ハットが作ったものかもしれない、と信じている人も多く、彼らは、世界経済フォーラムと環境保護派を装うグローバリストたちの寵児だったイーロンが鞍替えしたのもDOGEコインをプロモートしたときだろう、と思っています。

また、Q支持者の中には、初のアングロサクソン系の連邦準備制度理事会であるジェローム・パウエル（それまでは全員ユダヤ系だった）も、実はホワイト・ハットの仕込みで、パウエルが「トランプ新大統領に辞任を迫られても私は辞任しない。大統領が連邦準備制度理事会議長を解任することは違法だ」と断言したのは、連邦準備銀行がロスチャイルドたちの私設の銀行であることを国民に知らしめるためだ、と堅く信じています。

パウエルが辞任拒絶宣言をした11月7日に、トランプ大統領はトゥルース・ソーシャルで、Get ready for the Golden Age. 黄金時代に備えろ・黄金時代を迎える準備をしろ、と告げていますが、これも、Qのインテル・ドロップ「金が連邦準備制度を滅ぼす」を連想させる一言ですよね。

トランプ大統領は2026年7月4日から1年間にわたってアメリカ建国250周年記念祭を開催する、と言っているので、おそらくそれまでにはカバールの手下たちがワシントンから一掃されることでしょう。とはいえ、連邦政府歳出の無駄を省き、9割近くの役人をクビにするつもりのイーロンは、「もっと早くできる」と言っているので、楽しみです！

イーロンがツイッターを買収したことでイスラエルとパレスチナに関する真実も、少なくとも英語圏ではいまだかつてないほどの勢いで飛び火しています。とくにオドロキものの真実爆弾を投下し続けているのは、偽旗工作の舞台裏を写したビデオをほぼ毎日投稿しているGAZ

ＡＷＯＯＤのアカウントです。
https://x.com/GAZAWOOD1?ref_src=twsrc%5Egoogle%7Ctwcamp%5Eserp%7Ctwgr%5Eauthor

〝血まみれの犠牲者〟の傷を特殊メイクで作っている映像や、爆破された家の瓦礫の中を泣きながらさまよう演技をした後に笑っている子供の映像を見た人々は、イスラエルとパレスチナの戦争が『ウワサの真相／ワグ・ザ・ドッグ』を地で行く大芝居だ！、と気づき始め、日に日に大覚醒へと導かれています。

選挙の不正に関しても、１０９ページでご紹介した棒グラフがあらゆるソーシャル・メディアで拡散されたおかげで、バイデンの得票数がカマラより１３００万票多いことのみならず、前回より黒人・ヒスパニック・女性・大学生の支持率が大幅に上がったトランプ大統領の得票数が２０２０年を大幅に上回っていないことに疑問を抱く人が続出しています。そして彼らは、「カバールは今回の選挙では偽投票用紙を使った大がかりな不正ができなかったので、トランプ大統領の票をカマラに横流ししたのだろう」と思っています。

実は、選挙に関するＱのインテル・ドロップは数え切れないほどありますが、Ｑが言及している郡はアリゾナ州のマリコパ郡だけです。そのため、Ｑ支持者たちは、今回の選挙で、不法入国者激流で財政が逼迫《ひっぱく》しているアリゾナ州で、トランプ大統領や共和党の下院議員候補が勝ったのに、トランプ大統領とまったく同じ政策を打ち出しているキャリ・レイク共和党上院議員候補が極左の民主党候補に負けたのは不正があったからだ、と確信しています。レイク候補が裁判を起こし、法廷でホワイト・ハットが集めた不正の証拠が提示され、2024年のみならず2020年の不正も明らかになるでしょう！

トランプ大統領の最大の功績はメイン・ストリームのメディアがフェイクニューズだ、と全世界に知らしめたことです。今回の選挙でトランプ大統領が実際の得票数でも選挙人の数でもカマラを負かしたことで、民主党派の人々は、自分たちが騙《だま》されていたことを初めて知りました。選挙当日まで「カマラ優勢！」と言い続けてきた大手メディアは、第2次世界大戦中、敗北の寸前まで「日本軍が勝っている！」と吹聴《ふいちょう》していた日本の偽報道とまったく同じです。大嘘を信じ続けてきたおめでたい左派の人々は、大手メディアがフェイクニューズだと実感した後、CNNやMSNBCを筆頭に、ABC、CBS、NBCのニュース番組の視聴者数が激減し、コムキャストはMSNBCの売却を発表しました。

トランプ大統領はバイデン政権中に連邦準備制度に大打撃を与える必要があるので、就任式に至るまでの間になんらかのスケアー・イヴェント（人々を恐怖のどん底に落としいれる出来事）が起きると思いますが、これもホワイト・ハットが指揮する空手の寸止めのようなもので、実際に大きな被害が出る前に軍隊や州兵が止めてくれるでしょう。

トランプ大統領復帰後、9・11やケネディ暗殺の真相が明らかになり、サンディ・フック小学校銃乱射事件やボストン・マラソンのテロ、スペースシャトル・チャレンジャー爆発事故で誰も死んでいないこと、ジェフリー・エプスタインやアシュリー・バビットも生きていることなどが白日の下《もと》にさらされるのが楽しみです！

最後に、いつも親身になって私の本の監修をしてくださる副島隆彦先生、丁寧に編集をしてくださる小笠原豊樹氏に、厚くお礼を申し上げます。

この本の記述の根拠となる出典、ビデオのURLは秀和システムのホームページ：https://www.shuwasystem.co.jp/ の本書のサイトのサポート欄に掲載してあります。

2024年11月14日、まだ不法入国者の流入が続くテキサスにて

西森マリー

装丁・泉沢光雄
カバー写真・赤城耕一
組版・オノ・エーワン

■監修者プロフィール

副島隆彦（そえじま たかひこ）

評論家。副島国家戦略研究所(SNSI) 主宰。1953年、福岡県生まれ。早稲田大学法学部卒業。外資系銀行員、予備校講師、常葉学園大学教授等を歴任。主著に『世界覇権国アメリカを動かす政治家と知識人たち』（講談社+α文庫）、『決定版 属国 日本論』（PHP研究所）、近著に『中国は嫌々ながら世界覇権を握る』（ビジネス社）、『米国債の巨額踏み倒しで金融統制が来る』（徳間書店）、『トランプ勢力の徹底抗戦でアメリカの国家分裂は進む』（祥伝社）他多数。

■著者プロフィール

西森マリー（にしもり まりー）

ジャーナリスト。エジプトのカイロ大学で比較心理学を専攻。イスラム教徒。1989年から1994年までNHK教育テレビ「英会話」講師。NHK海外向け英語放送のDJ、テレビ朝日系「CNNモーニング」のキャスターなどを歴任。1994年から4年間、ヨーロッパで動物権運動の取材。1998年、拠点をアメリカのテキサスに移し、ジャーナリストとして活躍している。著書に『ディープ・ステイトの真実』『世界人類の99.99%を支配するカバールの正体』『カバールの民衆「洗脳」装置としてのハリウッド映画の正体』『カバールの捏造情報拡散機関フェイク・ニューズメディアの真っ赤な嘘』『カバール解体大作戦』『アメリカ衰退の元凶バラク・オバマの正体』『帰ってきたトランプ大統領』（以上、秀和システム）他多数。

断末《だんまつ》魔《ま》のカバール
2024年《ねん》アメリカ大統領選《だいとうりょうせん》でトランプはなぜ勝《か》てたのか

発行日　2024年12月27日　　第1版第1刷

著　者　西森《にしもり》　マリー
監修者　副島《そえじま》　隆彦《たかひこ》

発行者　斉藤　和邦
発行所　株式会社　秀和システム
〒135-0016
東京都江東区東陽2-4-2　新宮ビル2F
Tel 03-6264-3105（販売）Fax 03-6264-3094
印刷所　三松堂印刷株式会社　Printed in Japan

ISBN978-4-7980-7404-7 C0031

定価はカバーに表示してあります。

乱丁本・落丁本はお取りかえいたします。

本書に関するご質問については、ご質問の内容と住所、氏名、電話番号を明記のうえ、当社編集部宛FAXまたは書面にてお送りください。お電話によるご質問は受け付けておりませんのであらかじめご了承ください。

■好評既刊■

帰ってきた トランプ 大統領

アメリカに“建国の正義”が戻る日

西森マリー［著］・副島隆彦［監修］

ISBN978-4-7980-7201-2　四六判・288頁・本体1600円＋税

2024年米大統領選の半年前から、トランプ勝利を予言断言していた書。「カマラ・ハリス優勢」などという大嘘をまき散らして恥じることない大手メディアの醜態を尻目に、西森マリーの真実言論が、日本の我々に、今アメリカで本当に起きていることを伝える！

目 次